JN123804

北欧福祉国家と国庫補助金

国庫補助金改革とフィンランド福祉国家の変容

横山 純一

公人の友社

はじめに

1　本書の目的と内容

　フィンランドに関する筆者の著書（単著書）は、本書が 2 冊目になる。1
冊目は『転機にたつフィンランド福祉国家—高齢者福祉の変化と地方財政調
整制度の改革—』(2019 年 1 月刊、同文舘出版) であり、次の 3 点に的を絞っ
て分析した。

　つまり、フィンランドは 1980 年代後半に高い成長を実現し、これにと
もなう潤沢な財源を背景に、全国的に福祉が充実して北欧福祉国家の一員に
なった。しかし、1990 年代初めの大不況と 1990 年代半ばの EU への加盟
以降、とくに 21 世紀に入って以降、緊縮財政・減税、経費支出の抑制、福
祉の民営化、規制緩和等が進んで福祉国家が変容した。まず、このことを分
析した。さらに、高齢者福祉サービスの内容の変化（例えば、訪問介護サー
ビスにおける重度者への重点化、老人ホームの縮減、伝統的な自治体直営サー
ビスの民間委託化、近親者介護手当の利用割合の増加など）や、サービス付
き高齢者用住宅を中心に大企業の参入が進んだことなど、高齢者福祉サービ
スの変化の内実に迫った。また、1980 年代後半から 2015 年度までの国庫
支出金の動向と地方財政調整の動きに着目してその変化を追い、これが自治
体財政に与えた影響について明らかにしたのである。

　2 冊目になる本書『北欧福祉国家と国庫補助金—国庫補助金改革とフィン
ランド福祉国家の変容—』においては、もっぱら国庫補助金（国庫支出金、

以下、国庫支出金とする）を取り扱い、1980年代後半から2022年度まで
の国庫支出金の変化と国―地方の財政関係の変容、地方財政調整について分
析した。さらに、このような分析を通じて、フィンランド福祉国家の変化の
内実を明らかにしようとしたのである。

　本書を発刊した最も大きな理由は、本書第7章で述べたように、2023年
1月に実施される予定の保健医療福祉改革（SOTE改革）によって、国庫支
出金制度が大きく変貌することになるだろうからである。SOTE改革は、こ
れまで国―自治体の1層制だったフィンランドの地方自治のシステムを大
きく変えるもので、自治体の上にアルエと呼ぶ上位自治体を新しくつくり、
これまでの自治体に代わってアルエに保健医療福祉を一手に担わせることを
意図した改革である。事務事業の上部移管が行われるのである。SOTE改革
は保健医療福祉のサービス供給改革であるが、地方自治制度の大幅な再編を
ともなう改革でもあるのである。

　フィンランドの自治体歳出の5割程度を占める保健医療福祉がアルエに
移管するため、自治体から人員、施設、設備等のアルエへの移動が進み、こ
れまで果たしてきた自治体の役割はかなり縮小することになるだろう。さら
に、自治体は地方所得税収入の6割超と法人所得税の自治体取得分の多く
を失う見込みである。自治体にこれまで交付されていた国庫支出金も大きく
縮小する。現時点では、SOTE改革における財源問題がまだ見えてこない部
分があるけれども、新たに2層制の国―地方の財政関係が構築される中で、
まったく新しい国庫支出金システムがつくられることになるのは間違いない
のである。そこで、1980年代から2022年度までの国庫支出金制度の変遷
と内容、特徴を総括し、フィンランド福祉国家との関連の中で論ずることが
必要だと考え、本書の出版に至ったのである。さらに、近い将来のフィンラ
ンドの国－地方の財政関係や、新しい国庫支出金制度を展望するためにも、
本書の出版が必要だと考えたのである。

　拙著『転機にたつフィンランド福祉国家』では、主に2010年度から
2015年度までの一般補助金制度を扱ったが、筆者はその後の一般補助金制

度（2016年度から2022年度まで）についても研究を継続し、4つの拙稿を発表した。つまり、「フィンランド一般補助金制度の動向（2015-2019）—地方財政調整に焦点をあてて—」『自治総研』2020年5月号、2020年5月、地方自治総合研究所、「フィンランドの一般補助金制度と地方財政調整（2020年度—2021年度）」『北海道自治研究』627号、2021年4月、北海道地方自治研究所、「フィンランド福祉国家の転換期と国庫支出金の動向—地方財政調整の変化の過程を中心に—」『熊本学園大学経済論集』第28巻第1-4合併号、2022年3月、熊本学園大学経済学会、「2022年度のフィンランド一般補助金の動向とSOTE改革—地方自治の再編と保健医療福祉改革—」『自治総研』2022年6月号、2022年6月、地方自治総合研究所、を発表してきたのである。これらの研究については、上述の『自治総研』の2つの拙稿を中心に、加筆修正して本書の第5章、第6章に掲載した。

さらに、1980年代後半に福祉国家の確立に貢献した特定補助金のしくみや、1993年に創設された包括補助金のしくみ、包括補助金制度が創設された直後に筆者が実施したフィンランドの4つの自治体における調査や自治体協会でのヒアリング等について、『都市問題』掲載の拙稿「フィンランドの地方分権と高齢者福祉（1）（2）」『都市問題』87巻9号、10号、1996年9月、1996年10月、東京市政調査会や、この時の調査とヒアリング等において収集した資料をあらためて読み返し、本書の第1章と第2章に反映させた。また、本書の第3章と第4章は、2010年度から2015年度までの一般補助金を主に扱ったものであるが、すでに『転機にたつフィンランド福祉国家』の第5章と第6章に掲載したものに、若干の加筆修正を行った。

本書の第7章は、SOTE改革を扱ったもので、上述の『自治総研』2022年6月号に発表したものに加筆修正を施したものである。第8章は「むすびにかえて」であり、第1章から第7章までを総括し、簡潔に筆者の考えをまとめたものである。

さらに、補章がある。2020年3月から2020年12月中旬までのフィンランドの新型コロナウイルス感染症対策と、同期間に7回にわたってつく

られた補正予算の内容を分析したもので、地方自治総合研究所地方財政研究会編『地域経済と社会保障—新型コロナウイルス対応を中心に（地方財政レポート2020）』（2021年12月、地方自治総合研究所）所収の拙稿「フィンランドの新型コロナウイルス感染症対策について—国家による規制と国補正予算を中心に—」を、大幅に加筆修正したものである。

　SOTE改革は大規模かつ重要な改革であるので、激変緩和措置が広範囲にとられることになっている。例えば、アルエ税の創設は数年後（2026年度か？）とされているのである。また、今後のアルエと自治体への国庫支出金の交付については、交付額や配分方法、配分基準、「補正」の種類と内容等について、まだ詳細が明らかになっていない部分が少なくない。本書の出版によって、これまでの筆者のフィンランドの国庫支出金制度研究を一定程度総括することができ、それとともに、筆者の次の研究、つまり、新しい国庫支出金制度の研究に向かう準備ができつつあると考えている。

2　国際均衡（国際経済協調）と国内均衡（国民諸階層間の利害調整）のバランスに苦悩する各産業国家とフィンランドの動向

　現在、北欧諸国を含めた多くの発達した産業国家においては、国際均衡（国際経済協調）と国内均衡（国民諸階層間の利害調整）のバランスをとることが以前よりも難しくなってきているように思われる。そして、この2つのバランスをどのようにとっていくのかが、各産業国家において大きな課題になっているということができるのである。このような背景には、近年、各産業国家がグローバル化への対応として、多かれ少なかれ、市場原理を重視し、新自由主義的な政策を展開してきたけれども、ひずみや行き詰まりが生じ、それが大きくなってきていることがある。皆がWinになることが難しいばかりか、Winには決してなることができない人々が増えているのであり、

国民諸階層の反発が強まっているのである。

　2022 年に行われたスウェーデンとイタリアの総選挙、フランスの大統領選挙では、極右勢力の躍進が目立っている。スウェーデンでは 2010 年代に入ってから、市場原理重視の穏健党の議席数が減少し続け、2022 年の総選挙ではついに第 3 党に転落した。それに代わって反 EU、反移民で福祉を重視する極右の民主党が台頭し、穏健党を追い抜いて第 2 党になった。イタリアではメローニが率いる極右政党（イタリアの同胞）が躍進し、メローニがイタリア初の女性首相になった。フランスでは古参の極右政党である国民連合（旧国民戦線）が根強い人気を堅持している。極右政党はいずれの国においても、反 EU、反移民を掲げ，市場原理重視の政策や新自由主義的な政策がもたらしたひずみや政策の失敗を批判し、国際均衡よりも国内均衡を重視しようとしている。極右政党の台頭の理由は移民問題を抜きには語れないけれども、移民問題だけではなく、経済問題や政策面での問題が大きくかかわっていることについて、しっかり理解しておかなければならないのである。

　フィンランドは 1995 年に EU に加盟した。そして、2002 年にフィンランドマルカに代わってユーロが現実の通貨になった。EU において、フィンランドは国際協調面で重要な役割を果たし、貿易額や投資額を増加させてきた。しかし、EU 加盟後、フィンランドの農業や一部の産業は一層の不振に陥り、なかでも農業では、農家戸数、農業人口ともに激減したのである。失業率も若年者を中心に継続的に高い。また、フィンランド政府は財政の健全性に努めてきたが、増税ではなく、経費支出削減や減税などの諸政策を行ってきた。そして、それが福祉削減や福祉の見直し、福祉の民営化に結びついたということができるのである。

　このような中、2019 年 4 月 14 日の総選挙（1 院制の国会議員選挙）において、社会民主党が市場原理重視の国民連合党、反移民と反 EU のフィンランド人党（正確には真のフィンランド人党）を抑えて第 1 党に躍進した。社会民主党は、この総選挙以前には、国民連合党などの保守政党との連立政権に向かうケースが少なくなかったが、今回は左翼同盟、緑の党、中央党、

スウェーデン人民党との5党連立政権をつくった。現在、フィンランドにおいては名実ともに中道左派政権ができているのである。

　早速、中道左派政権（マリン政権）はSOTE改革において特徴ある政策を打ち出した。2010年代後半には中央党や国民連合党が中心の中道右派政権が市場重視のSOTE改革を行おうとした。とくに、国民連合党が市場原理や「選択の自由」の重視と、サービス供給における民間活用の強化を強く主張したが、改革は失敗に終わった。これに対し、中道左派政権は、公の役割を重視し、「選択の自由」や市場原理重視には批判的な政策を志向したSOTE改革を提起し、これを実現させたのである。

　今後、中道左派政権は、SOTE改革のような独自性のある諸政策を打ち出すことができるのだろうか。そこで、長い間フィンランドの政策の特徴だった緊縮基調の財政と経費支出抑制が大幅に見直されるのか否かが注目されるのである。また、経済、財政、金融、社会保障の問題や、移民・難民問題に向き合いながら、国内均衡と国際均衡のバランスをどのようにとっていくのかにも注目したい。今後の中道左派政権の諸政策の展開を、注意深く追いかけていきたい。

　本書の出版にあたり、もうすぐ98歳になる母横山俊子と妻横山良恵に感謝したい。この2人の尽力があったからこそ、安心して研究に打ち込めることができたのである。また、学校法人北海学園と北海学園大学には、勤務してからずっと優れた研究環境を提供していただいてきた。自由で、細かなことにあまりこだわらない学風・校風は、私にはとても居心地がよかった。感謝申し上げたい。

　さらに、本書の出版にあたっては、公人の友社の武内英晴氏に大変お世話になった。厚く御礼申し上げたい。

2022年10月23日

横山　純一

目 次

第1章　問題の所在 [1]

はじめに

　フィンランド福祉国家は、高い経済成長を実現していた 1980 年代後半に確立した。しかし、1990 年代前半には、大不況に見舞われるとともに EU への加盟が現実味を帯びるようになった。そして、ちょうどそのころから今日までの間に、フィンランドの福祉国家システムは市場原理主義の取入れを強めることによって変容していった。本書の目的は、1980 年代から今日までに大きな改革が繰り返し行われてきた、フィンランドの国庫補助金（以下、本書では、基本的に国庫補助金ではなく国庫支出金を用いる）と地方財政調整機能の変化の過程に焦点をあて、フィンランドにおける国と地方の財政関係の変容について明らかにすることである。

　フィンランドの国庫支出金は国の関与や国の役割を示すとともに、地方財政調整を体現している。そして、フィンランドの国—地方の財政関係の変容は、いうまでもなくフィンランド福祉国家の展開過程や、政策目的、政策内容を反映している。本書では、国と地方の財政関係の変容の分析を通じて、フィンランド福祉国家の変化と変容の内実にも迫っていこうと考えているのである。

　本書の検討対象と対象時期は、1980 年代後半から 2022 年度までの国庫支出金である。フィンランドの国庫支出金には、社会福祉保健医療関係の国庫支出金、教育文化関係の国庫支出金、公共事業にかかわるプロジェクト補

助金、国庫交付金、災害復旧関係の国庫支出金や、自治体合併など国が重要
政策を遂行する場合に自治体に一時的に交付される自治体合併補助金などの
補助金があるが、本書で対象とする国庫支出金は、2009 年度までは、他の
国庫支出金に比べて金額が圧倒的に大きく、また、福祉国家の形成・確立・
変容と密接に関連している社会福祉保健医療関係の国庫支出金（特定補助金、
包括補助金）である。2010 年度には使途が全く自由な一般補助金制度が創
設されたため、2010 年度以降は一般補助金を検討対象とする。

　対象とする時期の大部分は、フィンランド福祉国家の変容と揺らぎの時期
（1991 年の大不況と 1995 年の EU への加盟の時期から 2022 年度まで）と
重なり合っている。

　なお、フィンランドの地域（Maakunta、以下 Maakunta と表現する）の名称
と地図上の位置、2 次医療圏の名称と地図上の位置を、**図表 1-1**、**図表 1-2**
で示した。Maakunta は 本書でたびたび出てくるので、本書全体の基本的理
解につながると考え、図表を用意したのである。また、フィンランドの会計
年度は 1 月 1 日から 12 月 31 日までである。

図表 1-1　フィンランドの Maakunta と県（Laaninhallinto）

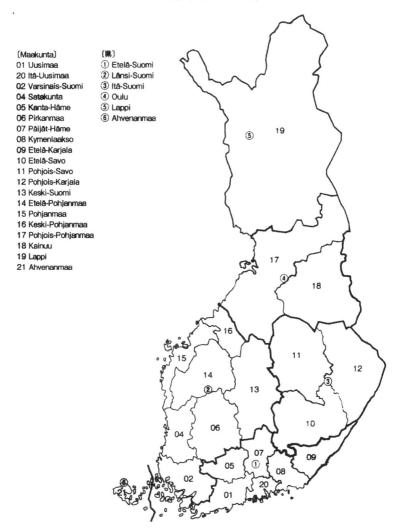

〔Maakunta〕
01 Uusimaa
20 Itä-Uusimaa
02 Varsinais-Suomi
04 Satakunta
05 Kanta-Häme
06 Pirkanmaa
07 Päijät-Häme
08 Kymenlaakso
09 Etelä-Karjala
10 Etelä-Savo
11 Pohjois-Savo
12 Pohjois-Karjala
13 Keski-Suomi
14 Etelä-Pohjanmaa
15 Pohjanmaa
16 Keski-Pohjanmaa
17 Pohjois-Pohjanmaa
18 Kainuu
19 Lappi
21 Ahvenanmaa

〔県〕
① Etelä-Suomi
② Länsi-Suomi
③ Itä-Suomi
④ Oulu
⑤ Lappi
⑥ Ahvenanmaa

（注 1）　図表は 2009 年 1 月 1 日現在。なお、県は 2009 年 12 月 31 日に廃止された。
（注 2）　現在は Itä-Uusimaa が Uusimaa に統合されているが、このほかには変更ない。
〔出所〕　Tilastokeskus"Suomen tilastollinen vuosikirja 2009",2009,S49,

図表 1-2　フィンランドの 2 次医療圏

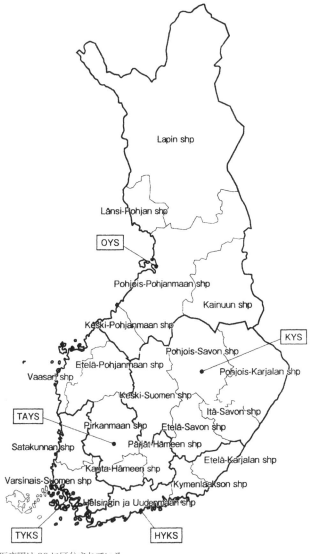

(注 1)　2 次医療圏は 20 に区分されている。
(注 2)　TAYS など□で囲まれているのは、3 次医療の拠点となる大学病院。
(注 3)　2008 年入手資料だが、現在に至るまで変更はない。
〔出所〕　STAKES での入手資料（2008 年 11 月入手資料）。

1　グローバル化と北欧福祉国家

　まず、簡潔に、北欧福祉国家の一員であるフィンランド福祉国家について
述べておこう。

　今日、北欧諸国（デンマーク、ノルウェー、スウェーデン、フィンランド、
アイスランド）にかぎらず、発達した産業国家においては「グローバル化」
が各国の経済財政政策を規定する大きな要因になっていると考えられる。や
や大雑把な言い方になるかもしれないが、グローバル化時代の各産業国家の
経済の特徴は、変動相場制を前提とし、資本の多国籍化と金融自由化の進展、
知識集約型産業の比重の増大に求めることができるだろう。そして、各国に
おいて、そのあらわれ方の強弱や出現時期の違いはみられるものの「新自由
主義」が政策の1つの流れとして登場し、浸透してきているということが
できるだろう。

　福祉国家とは、すぐれた社会保障、高い所得再分配機能と小さな貧富の格
差、安定した雇用と低い失業率を示す国家である、ということができるだろ
う。北欧諸国は、このような福祉国家を 1970 年代、1980 年代につくりあ
げた。北欧諸国の中で福祉国家の形成・確立の時期が早かったのはスウェー
デンとデンマークであった。フィンランドは 1980 年代後半に高い経済成長
を実現し、潤沢な財源を用いて福祉の拡充を図った。そして、低い失業率と
分厚い中間層（中所得層）の存在と相まって北欧福祉国家の仲間入りを果た
したのである。

　しかし、1990 年代に入ると北欧諸国においてもグローバル化の波が押し
寄せ、政策面で新自由主義的な性格がかなりみられるようになり、北欧福
祉国家は転機に立たされることになった。とくに、このことはスウェーデン
とフィンランドにおいて顕著であった。1980 年代にレーガン革命やサッ

チャーリズム、臨調行政改革に代表される新自由主義的な政策がアメリカ、イギリス、日本などで行われていた時、北欧諸国は福祉の拡充に努めており、新自由主義とは別の道を歩んでいるとされ、日本では政治や政策においてオルタナティブを模索する人たちから高い評価を得ていた。しかし、フィンランドは 1991 年に始まる大不況と 1990 年代半ばの EU への加盟を契機に、経済と政治の転換期を迎えることになったのである。

　フィンランド経済は大不況後の 1990 年代後半に電気光学機械産業を軸に成長軌道に乗ったものの、1980 年代後半のような高い成長と雇用は望めなかった。さらに、リーマンショックで落ち込んだ経済の回復が遅く、2012 年からは 3 年連続でマイナス成長になった。

　フィンランド福祉国家の変容の特徴は、おおよそ次のようにいうことができるだろう。つまり、1990 年代前半の固定相場制から変動相場制への移行、ノキア社に代表される新技術革新の進展、1995 年の EU への加盟と 2002 年のユーロの採用、財政緊縮・減税、福祉の見直し、民営化、規制緩和の進行、金融自由化、企業の海外進出、高い失業率、低所得階層の増加などである。他のヨーロッパ諸国に比べれば、変容の度合いは大きくなかったけれども、転換期に直面したのである。大不況前の失業率（1990年、全国平均）は約 3 ％ だったが、以後 1990 年代は継続して 10% 台、21 世紀に入ってからも 8 ％ 超の年が多く、失業率が高止まりの状態が続いている。2020 年、2021 年は 7 ％ 台後半である。とくに若年世代の失業率が高いことが特徴である。

2　フィンランドの経済財政政策の転換と
フィンランド福祉国家の変容

　フィンランド福祉国家を検討する際に最も注目されるべきは、大不況直後の失業対策や産業対策がほぼ完了に近づいていた 1990 年代後半以降、増税では

なく財政支出削減と減税がフィンランドの政策の基調になったことである。

　フィンランド財務省文書は次のように述べている。つまり、「課税に対する国際的な圧力や世界的な租税競争、租税の雇用への影響の観点から、もはや公的部門の財政問題を高い税率を維持することによって解決することは適切なことではない。フィンランドのいくつかの租税は国際基準と EU 基準に照らせば大変高い。財政支出の削減こそが公的部門の財政を改善する本質的な方法なのである」（Ministry of Finance"Economic Survey September 1998",1998）、と。このような認識を政策当局が強くもつようになったのであり、しかも、このような認識はほぼ今日まで続いているということができるのである。明らかに、「高福祉・高負担国家」、「大きな政府」からの転換が行われているということができるのである。

　この点を詳しくみてみよう。フィンランドの主たる国税は所得税（個人所得税である勤労所得税と資本所得税、法人所得税）と付加価値税、主たる地方税は比例税率の地方所得税（勤労所得税）である。フィンランドがこのような租税体系になったのは 1990 年代前半のことである。つまり、ほかの北欧諸国にならって 1993 年に二元的所得税が導入され、これに比例税率の法人所得税を加えたものがフィンランドの国税所得税になったのである。また、フィンランドには独立した法人税はなく、国税所得税の中で法人所得への課税が行われている。1993 年改革以前の国税所得税は、基本的に所得の源泉種類に考慮することなくあらゆる源泉を合算して累進税率を適用するものだったが、二元的所得税は個人所得を勤労所得（給与や賃金、年金など）と資本所得（利子、配当、株や土地のキャピタルゲイン、賃貸収入など）とに分け、前者には累進税率、後者には単一の税率（比例税率）による課税が行われるものである。さらに、1994 年には、これまでの売上税に代わってEU 型の付加価値税が導入された。二元的所得税、付加価値税のいずれもがEU 加盟を念頭においた租税政策であったことは明らかだった。

　実際、所得への課税（国税）では二元的所得税の導入、所得税の総合制や累進制の見直しのほかに、富裕税の廃止（2008 年）、勤労所得税の減税が

図表 1-3　フィンランドの勤労所得税率の推移

（フィンランドマルカ、ユーロ、%）

課税所得	税率	課税所得	税率	課税所得	税率	課税所得	税率
2000 年度		2004 年度		2009 年度		2014 年度	
47,000 ~ 63,600	5.0	11,700 ~ 14,500	11.0	13,100 ~ 21,700	7.0	16,300 ~ 24,300	6.5
63,600 ~ 81,000	15.0	11,700 ~ 20,200	15.0	21,700 ~ 35,300	18.0	24,300 ~ 39,700	17.5
81,000 ~ 113,000	19.0	20,200 ~ 31,500	21.0	35,300 ~ 64,500	22.0	39,700 ~ 71,400	21.5
113,000 ~ 178,000	25.0	31,500 ~ 55,800	27.0	64,500 ~	30.5	71,400 ~ 100,000	29.75
178,000 ~ 315,000	31.0	55,800 ~	34.0			100,000 ~	31.75
315,000 ~	37.5	2005 年度 (図表 1-4)					
2001 年度		2006 年度		2010 年度		2015 年度	
66,000 ~ 85,000	14.0	12,200 ~ 17,000	9.0	15,200 ~ 22,600	6.5	16,500 ~ 24,700	6.5
85,000 ~ 117,000	18.0	17,000 ~ 20,000	14.0	22,600 ~ 36,800	17.5	24,700 ~ 40,300	17.5
117,000 ~ 184,000	24.0	20,000 ~ 32,800	19.5	36,800 ~ 66,400	21.5	40,300 ~ 71,400	21.5
184,000 ~ 325,000	30.0	32,800 ~ 58,200	25.0	66,400 ~	30.0	71,400 ~ 90,000	29.75
325,000 ~	37.0	58,200 ~	32.5			90,000 ~	31.75
2002 年度		2007 年度		2011 年度		2016 年度	
11,500 ~ 14,300	13.0	12,400 ~ 20,400	9.0	15,600 ~ 23,200	6.5	16,700 ~ 25,000	6.5
14,300 ~ 19,700	17.0	20,400 ~ 33,400	19.5	23,200 ~ 37,800	17.5	25,000 ~ 40,800	17.5
19,700 ~ 30,900	23.0	33,400 ~ 60,800	24.0	37,800 ~ 68,200	21.5	40,800 ~ 72,300	21.5
30,900 ~ 54,700	29.0	60,800 ~	32.0	68,200 ~	30.0	72,300 ~	31.75
54,700 ~	36.0			2012 年度 (図表 1-4)			
2003 年度		2008 年度		2013 年度		2017 年度	
11,600 ~ 14,400	12.0	12,600 ~ 20,800	8.5	16,100 ~ 23,900	6.5	16,900 ~ 25,300	6.25
14,400 ~ 20,000	16.0	20,800 ~ 34,000	19.0	23,900 ~ 39,100	17.5	25,300 ~ 41,200	17.5
20,000 ~ 31,200	22.0	34,000 ~ 62,000	23.5	39,100 ~ 70,300	21.5	41,200 ~ 73,100	21.5
31,200 ~ 55,200	28.0	62,000 ~	31.5	70,300 ~ 100,000	29.75	73,100 ~	31.5
55,200 ~	35.0			100,000 ~	31.75		
						2018 年度	
						17,200 ~ 25,700	6.0
						25,700 ~ 42,400	17.25
						42,400 ~ 74,000	21.25
						74,000 ~	31.25

（注 1）　2000 年度、2001 年度の課税所得はフィンランドマルカ、2002 年度以降の課税所得はユーロ。
（注 2）　2005 年度と 2012 年度の税率は図表 1-4 を参照のこと。
〔出所〕　Valtiovarainministeriö"Vuodenvaihteen muutoksia VM" 各年。

図表 1-4　勤労所得税の税率（2005 年度、2012 年度）

（ユーロ、%）

2005 年度			2012 年度		
課税所得	基礎税額（固定額）	税率	課税所得	基礎税額（固定額）	税率
12,000—15,400	8	10.5	16,100—23,900	8	6.5
15,400—20,500	365	15.0	23,900—39,100	515	17.5
20,500—32,100	1,130	20.5	39,100—70,300	3,175	21.5
32,100—56,900	3,508	26.5	70,300—	9,883	29.75
56,900—	10,080	33.5			

〔出所〕　Ministry of Finance "Taxation in Finland 2005", 2005, S.17, S.159. Valtiovarainministeriö "Vuodenvaihteen muutoksia VM" 2011.

行われた。2000 年度から 2018 年度までの期間の勤労所得税率の推移を示した**図表 1‒3**、**図表 1‒4**をみれば、国税所得税の減税が行われていることが把握できるのである。

　まず、課税所得に基づく税率の段階は 2000 年度の 6 段階が 2001 年度に 5 段階になり、さらに 2007 年度に 4 段階になった（**図表 1-3**）。再び 2013 年度から 2015 年度までは 5 段階になり、2016 年度からは 4 段階に戻った。2000 年度から 2012 年度までは、各課税所得段階の税率がほぼ一貫して低くなり、最高税率は 2000 年度の 37.5% が、2010 年度、2011 年度は 30.0%、2012 年度は 29.75% になった。また、最低税率は 2000 年度の 5.0% が 2001 年度に 14.0% と高くなったが、これは 6 段階の税率を 5 段階にして課税最低限を引き上げたためで、以後、最低税率は低下を続けて 2006 年度には 9.0%、2008 年度には 8.5%、2009 年度には 7.0%、2010 年度には 6.5% となった。2018 年度は 6.0% であった。また、課税所得段階が 5 段階（2006 年度）から 4 段階（2007年度）に減少した際も、税率が上昇する納税者が生じないように配慮がなされ、その多くが税率 14.0% から 9.0% に引き下げられた。ただし、厳しい経済状況と国の財政状況を踏まえ、2013 年度から高額所得層の税率がアップし、2018 年度までの 6 年間、最高税率は 31% 台になった。なお、勤労所得税は、賃金や給与、年金はもちろんのこと、奨学金にも課税される。児童給付金や失業給付金などの社会保障給付金には課税されない。

　さらに、2005 年度と 2012 年度の勤労所得税の課税所得段階ごとの納税額をみてみると（**図表 1-5**)、各課税所得段階において大幅な負担軽減になっていることがわかる。また、OECD はフィンランドの勤労所得税について、2000 年度と 2009 年度とを比較してみた場合、あらゆる家族パターンにおいて税負担が軽減されているとし、とくに低所得の単身納税者の軽減額が大きいことを指摘しているのである[2]。

　また、法人所得税については、リーマンショック後の経済の回復が芳しくなかったこともあり、2012 年 1 月 1 日に、大規模な法人所得税減税が行われ、税率が 24.5% から 20.0% に引き下げられた。現在も、法人所得税率は

図表 1-5　課税所得額でみた勤労所得税納税額の比較（2005 年度と 2012 年度の比較）
（ユーロ）

課税所得	2005 年度納税額	2012 年度納税額
13,500 ユーロ	165.5	0
18,000 ユーロ	755.0	131.5
30,000 ユーロ	3,077.5	1,582.5
50,000 ユーロ	8,251.5	5,518.5
70,000 ユーロ	14,468.5	9,818.5
100,000 ユーロ	24,518.5	18,718.75

〔出所〕　Ministry of Finance "Taxation in Finland.2005"2005.S17.S159.
Valtiovarainministeriö"Vuodenvaihteen nuutoksia VM",2011.

20.0% のままとなっている。

　国税収入額の第 1 位は付加価値税で、国税収入額の約 45% を占めている。付加価値税についても増税が抑制されており、付加価値税が創設された 1994 年から今日までの 26 年間で、税率はわずか 2 ポイントしか上昇していない。つまり、フィンランドの付加価値税の導入時の標準税率は 22%、軽減税率は 12%（食料品、飼料など）と 8%（公共料金、書籍、医薬品など）だったが、2010 年 7 月 1 日に標準税率が 23%、軽減税率が 13% と 9% に引き上げられた。さらに、2013 年 1 月 1 日に標準税率、軽減税率ともに 1 ポイントアップし、標準税率が 24%、軽減税率が 14% と 10% になったのである。

　このような国税の動向と比べ、自治体の税収入の 95% 以上を占め、自治体が独自に税率を決定できる地方所得税の税率は毎年度上昇している。つまり、地方所得税の税率（全自治体平均）は 1970 年度が 14.38%、1990 年度が 16.47%、2009 年度が 18.59%、2015 年度が 19.84%（税率の最高は Kitee 自治体の 22.5%、最低は Kauniainen 自治体の 16.5%）、2020 年度が 19.97%（最高は Halsua 自治体の 23.5%、最低は Kauniainen 自治体の 17.0%）となっているのである [3]。さらに、1993 年度から 2018 年度までの期間における直接税課税の動向を検討してみると [4]、2018 年度の勤労所得税収入は 55 億ユーロ、資本所得税収入が 30 億ユーロ、地方所得税収入が 190 億ユーロであった。そして、この期間に地方所得税収入が 78% 伸び、地方所得税収入のすべての直接税収入額（国税と地方税）に占める割合は、

1993 年度の 50% から 2018 年度の 62% に上昇した。これに対し国税所得税（勤労所得税）は 31%（1993 年度）から 18%（2018 年度）に減少した。資本所得税収入の直接税収入に占める割合は 3 〜 10% の範囲で揺れ動いたが、2018 年度は 9.8% であった。

3　フィンランドの歳出削減、行政改革、福祉、農業、産業構造

　1990 年代後半以降、フィンランドでは行政改革が盛んに行われ、国の出先機関の廃止や自治体合併などが行われた。また、国庫支出金制度や地方財政調整に関する改革が行われた。

　フィンランドの国と地方の関係は一層制で、国と自治体が議会と財政・課税権を有している。また、最近までは国の出先機関として県が 12 存在していたが、行政改革によって県は 6 つに削減され、最終的には 2009 年 12 月 31 日に全廃された。さらに、2005 年 12 月 31 日の時点では自治体が 431 存在していたが、2006 年から 2008 年にかけて国主導の自治体合併が集中的に行われ、2008 年 12 月 31 日には自治体数は 2 割減の 348 になった。その後も自治体合併が進み、2014 年 12 月 31 日現在の自治体数は 317、2021 年 12 月 31 日現在の自治体数は 309 となっている [5]。自治体合併の進捗度は Maakunta 間で相違がみられ、Varsinais-Suomi や Kymenlaakso のように自治体数が半分に減少した Maakunta がある一方で、Lappi や Ahvenanmaa のように自治体合併が全く行われなかった Maakunta も存在した。

　注目されるべきは、自治体合併が行われても依然として小規模自治体が多数存在することになったことである。そこで、さまざまな自治体間の協力・連携が行われた。複数の自治体が集まって 1 つもしくは複数の事務事業を展開する自治体連合制度はもともとフィンランドでは盛んだったが、これが一層進んだ。また、複数の自治体が会社（第 3 セクター）をつくって株式

を持ち、第3セクターから各自治体がサービスを購入する、自治体がほか
の自治体や自治体連合からサービスを購入する（自治体がほかの自治体に
サービスを供給する）などの方法が行われている。

　さらに、自治体の歳出の約半分を占める福祉保健医療費や、約4分の1
を占める教育文化費の歳出削減が進んだ。福祉給付の抑制も進み、福祉サー
ビスは充実・拡大から抑制に舵がきられた。また、規制緩和が進み、福祉の
市場化、福祉の民間委託化や民営化が加速した。民間委託化が進み始めた
1990年代後半には、自治体サービスの委託先として非営利団体の役割が大
きかったが、現在では非営利団体は後景に追いやられ、高齢者用サービス付
き住宅を中心に、グローバルで多国籍の営利企業が福祉・介護サービスに続々
と参入してきているのである [6]。さらに、訪問介護サービスなどでも、フィ
ンランドの伝統的な自治体直営サービスが縮小して民間委託が進んでいる。
診療所や病院については自治体直営が多いけれども、民間の診療所や民間の
病院の比重が徐々に増してきている。後述するSOTE改革においても、民間
の医療の役割をめぐって議会で激論がかわされたのである。

　農業は、EU加盟後、経営規模をかなり拡大しないと生き残りが難しくなり、
農業人口や農家戸数が大幅に減少した [7]。1990年の農家戸数は12万9,114
戸だったが、2011年には6万1,584戸になり、大きく減少した。全産業人
口に占める農業人口の割合も1970年が17.2%、1990年が7.3%、2006年
が3.0%と大幅に低下した。とくに酪農業、養豚業、養鶏業の農家の減少が目
立っている。農家1戸当たりの平均農地面積は1990年が17.3ヘクタール、
2011年が37.4ヘクタールになっており、農業はかなりの規模の農地拡大を
しないと経営的に成り立たない状況になっているのである。とくに、20ヘク
タール未満の農家を中心に離農が相次いでいる。そして、注目されるべきは、
農家1戸当たりの平均農地面積が北部や北東部の地域ほど小さいことである。
そして、これらの厳しい環境におかれた北部、北東部の地域から、ヘルシンキ
やエスポーなどの都市がある南部の地域への人口移動が進んでいるのである。

　さらに、1980年代まで主軸だった産業（紙・パルプ産業など）に往時

図表 1-6　Maakunta 別の人口数の推移

(人)

	1985 年	1997 年	2011 年	2014 年	1985-1997 年の増減率	1997-2011 年の増減率	1985-2014 年の増減率	人口最大の自治体名
Uusimaa	1,090,599	1,257,702	1,549,058	1,603,388	115	115	147	Helsinki
Itä-Uusimaa	82,006	87,287			106			Porvoo
Varsinais-Suomi	415,889	439,973	467,217	472,725	105	106	113	Turku
Satakunta	250,559	242,021	226,567	223,983	96	93	89	Pori
Kanta-Häme	157,901	165,026	175,230	175,350	104	106	111	Hameenlinna
Pirkanmaa	418,573	442,053	491,472	503,382	105	111	120	Tampere
Päijät-Häme	195,041	197,710	202,236	202,009	101	102	103	Lahti
Kymenlaakso	197,342	190,570	181,829	179,858	96	95	91	Kotka
Etelä-Karjala	143,320	138,852	133,311	131,764	96	96	91	Lappeenranta
Etelä-Savo	177,102	171,827	153,738	151,562	97	89	85	Mikkeli
Pohjois-Savo	256,036	256,760	248,130	248,407	100	96	97	Kuopio
Pohjois-Karjala	177,567	175,137	165,906	165,258	98	94	93	Joensuu
Keski-Suomi	247,693	259,139	274,379	275,360	104	105	111	Jyväskylä
Etelä-Pohjanmaa	200,815	198,641	193,735	193,400	98	97	96	Seinäjoki
Pohjanmaa	172,805	174,230	179,106	181,156	100	102	104	Vaasa
Keski-Pohjanmaa	70,728	72,336	68,484	68,832	102	94	97	Kakkola
Pohjois-Pohjanmaa	332,853	359,724	397,887	405,397	108	110	121	Oulu
Kainuu	99,288	93,218	81,298	79,258	93	87	79	Kajaani
Lappi	200,943	199,051	183,330	181,748	99	92	90	Rovaniemi
Ahvenanmaa	23,591	25,392	28,354	28,916	107	111	122	Maarianhamina

(注)　1985 年,1997 年,2011 年,2014 年ともに 12 月 31 日現在の数値。
(出所)　Tilastokeskus"Suomen tilastollinen vuosikirja 1998",1998,SS4-55.
　　　Tilastokeskus"Suomen tilastollinen vuosikirja 2007",2007,S78-99,S112-113.
　　　Tilastokeskus"Suomen tilastollinen vuosikirja 2009",2009,S78-95,S108-109.
　　　Tilastokeskus"Suomen tilastollinen vuosikirja 2012",2012,S78-93,S108-109.
　　　Tilastokeskus"Suomen tilastollinen vuosikirja 2015",2015,S442-456.

の勢いがみられない。上記の農業に加えて、これらの産業や地域の地場産業の衰退も進むことによって、北部や北東部の地域（Kainuu Maakunta,Lappi Maakunta, Etelä-Savo Maakunta など）から大都市の多い南部地域（Uusimaa Maakunta）への人口移動が進んだのである（**図表 1-6**）。とくに、Kainuu Maakunta の落ち込みが大きく、国は「カイヌー特区」を設けて支援を行ったが、目立った成果はみられなかったようである。

　また、国民の間の所得格差が小さいことがこれまでのフィンランドの特徴だったが、現在は中間層の流動化が進んで低所得者層が増え、低所得者層は、2017 年には 65 万 4,0000 人にのぼった。フィンランドの国民の年収入（全国平均、2017 年）は 2 万 4,580 ユーロだったが、低所得者とは年収入が全国平均の 60% 未満（年 1 万 4,750 ユーロ未満）の者をいう。低所得者層の総人口に占める割合は、1990 年、1995 年が 7% 台だったが、21 世紀に入ってからは約 2 倍の 12% 台や 13% 台で推移しているのである（**図表 1-7**）。

図表 1-7　フィンランドにおける低所得者層の状況

(ユーロ、人)

	1990 年	1995 年	2000 年	2005 年	2010 年	2017 年
平均年収入（ユーロ）	17,886	16,842	19,116	22,500	24,569	24,583
低所得者となる上限収入（ユーロ）	10,732	10,105	11,470	13,500	14,741	14,750
低所得者人口（人）	394,978	361,744	576,104	660,537	706,030	654,000
総人口に占める低所得者の割合	7.9%	7.2%	11.3%	12.8%	13.3%	12.1%

〔出所〕　Statistics Finland "Income Distribution statistics",2012.
　　　　　Statistics Finland "Income Distribution statistics",2017.

4　フィンランド福祉国家と国庫支出金、地方財政調整制度

　このようなフィンランド福祉国家の変化をみていくとき、緊縮財政と減税、歳出削減がフィンランドの経済財政政策の基調にあることが把握できる。そ

して、フィンランドの国庫支出金についても緊縮財政の影響を受け、大きく変貌を遂げたことが注目されるべきである。つまり、1980年代には、地方財政調整機能を有した特定補助金が福祉保健医療や教育文化の充実拡大に寄与し、1980年代後半にフィンランドは北欧福祉国家の一員になった。そして、1993年には包括補助金制度が創設され、上記の特定補助金は廃止された。2010年には包括補助金制度が廃止され、一般補助金制度が創設された。

　結論をやや先取りする形で、フィンランドの国庫支出金について、要点をまとめておくと、次のようになる。つまり、包括補助金制度では「支出の裁量の幅が大きい特定財源」が自治体に交付され、一般補助金制度では一般財源が自治体に交付されたが、包括補助金、一般補助金ともに自治体には使い勝手が良かった。しかし、経済状況が必ずしも芳しいものではなかったことや、国の財政支出削減や緊縮財政という基本方針の堅持等によって、包括補助金、一般補助金ともに自治体への交付額は抑制基調で推移した。さらに、特定補助金では厳しく規制されていたアウトソーシングが両補助金ではやりやすくなったために、福祉の民間委託化が進行した。その意味では、フィンランドでは、地方分権が、実質的には自治体福祉サービスの民間委託化や福祉の民営化をともないながら進んでいったということができるのである。

　このようなことにより、緊縮財政と、国－地方の財政関係のスリム化と簡素化が進んだことは明らかだろう。このような国庫支出金の変化は、「大きな政府」や「高福祉高負担国家」からの明らかな転換であり、緊縮財政に基づいた政策が広く行われてきたことを反映しているということができるのである。

注

（1）第 1 章全体については、横山純一『転機にたつフィンランド福祉国家─高齢者福祉の変化と地方財政調整制度の改革』、2019 年 1 月、同文舘出版を参照。

（2）OECD " Tax Policy analysis, Taxing Wages：Country note for Finland", 2012.

（3）2020 年度の地方所得税率（全国平均）については Valtiovarainministeriö "Verotuloihin perustuva valtionosuuksien tasaus v .2022" を参照。2020 年度以外は横山純一前掲書を参照。

（4）Statistics Finland"Taxable incomes"2018。なお、この文献の直接税には、勤労所得税、資本所得税、地方所得税のほかに、社会保険料（被保険者負担）、教会税、公共放送税がふくまれている。

（5）自治体数については 2021 年 12 月 31 日現在の数値以外については、横山純一前掲書を参照。2021 年 12 月 31 日現在の自治体数は Valtiovarainministeriö "Kunnan peruspalveljen valtionosuus vuonna 2022" を参照。

（6）福祉サービスとくに高齢者向けサービス付き住宅などへの営利企業の参入については、横山純一前掲書第 4 章で詳しく論じた。

（7）農業や産業の変化については横山純一前掲書第 2 章で詳述した。

第2章　フィンランド国庫支出金の動向

（1984年度から今日まで）[1]

1　1980年代の使途限定の特定補助金

（1）「社会福祉保健医療計画と国庫支出金に関する法律」の成立と
福祉拡充に果たした特定補助金の役割

　フィンランドでは、1982年9月17日に「社会福祉保健医療計画と国庫
支出金に関する法律」（Laki sosiaali-ja terveydenhuollon suunnittelusta ja
valtionosuudeste）が成立し、同法律は1984年1月1日から施行された。
この法律の目的は、中央政府が計画を立て、標準を設定することによって福
祉サービスの全国的・均一的な発展を保証することにあった。そして、地方
財政調整機能を有した使途限定の福祉保健医療関係の国庫支出金を活用する
ことによって、ほとんどの自治体が高齢者福祉、児童福祉、障がい者（児）
福祉等に力を入れることができ、1980年代後半には多数のホームヘルパー
が自治体で採用されるとともに、デイサービスセンターや保育所が次々とつ
くられていった。フィンランド全体のホームヘルパー数は、1985年が1万
548人だったのに対し、1991年には1万3,251人となって6年間で25%
増加し、保育所の数も1,812（1985年）から2,305（1991年）と実に
27%増加したのである。そして、この時期の福祉サービスについては、ほ
とんどが自治体直営サービスで行われており、営利企業や非営利組織による

サービスの供給はごくわずかであった。

　では、このような特定補助金（社会福祉保健医療関係の国庫支出金）の交付システムは、どのようになっていただろうか ⁽²⁾。まず、自治体は福祉保健医療費を社会福祉費と保健医療費とに分け、それぞれについて、国の統一した様式に基づく経費支出計画書を、各自治体が所属する県（国の出先機関）に提出する。社会福祉費については、保育サービス費、社会サービス費、委託サービス費、施設建設費の 4 項目に分かれ、さらに、その各々が細かく個々の経費に分かれていた。そして、自治体は個々の経費支出額を記入することになる。次に、県は各自治体の経費支出額を精査する。そして、県は国の基準（国基準運営費等）に基づいて、国の補助の対象となる補助基本額を算定した。国庫支出金は、このような補助基本額に基づいたうえで、国庫補助負担率を乗じて各自治体に交付されたのである。また、フィンランドでは複数の自治体が集まって共同で 1 つもしくは複数の事務事業を行う自治体連合制度が発達しており、病院、診療所、廃棄物処理、職業専門学校の運営、公的交通・運輸などで盛んに行われている。特定補助金においては、このような自治体連合の多くにも直接国から国庫支出金が交付されていた。例えば、自治体連合立の病院・診療所の場合、財政資金の流れ出てくるシステムは自治体への交付の場合と同じだったが、自治体連合と自治体の国庫補助負担率は異なっていた。

　このような社会福祉保健医療関係の国庫支出金は、老人ホームや保育所などの施設建設費への補助や、ホームヘルパーや老人ホーム職員、障がい者（児）福祉施設職員、保育士などの人件費を中軸とする経常費への補助という性格をもっていた。そして、このような国庫支出金は経費支出（事業費）ベースで自治体に交付されたのである。

（2）　国庫支出金による地方財政調整と社会福祉のナショナルミニマム
　　　の達成

　そこで、次に問題となるのは国庫補助負担率である。フィンランドでは、

この時期には日本の地方交付税制度のようなシステム、つまり、一般財源を自治体に地方財政調整を加味して交付するシステムは存在しなかった。この時期には、地方財政調整機能を果たしてきたのは、特定補助金である社会福祉保健医療関係の国庫支出金と教育文化関係の国庫支出金であった。そして、自治体への交付にあたっては地方財政調整が重視され、小規模自治体や財政力の弱い自治体への手厚い配慮がなされたのである。具体的には、「社会福祉保健医療計画と国庫支出金に関する法律」の第 16 条に基づいて、自治体を財政力によって 10 等級に区分し、財政力の最も低い第 1 等級の自治体に交付する際の国庫補助負担率は 65%、次に財政力の低い第 2 等級の自治体の国庫補助負担率は 61%、第 3 等級の自治体の国庫補助負担率は 57%とし、その反対に財政力の最も高い第 10 等級の自治体の国庫補助負担率は 32%、第 9 等級は 38%、第 8 等級は 41% としたのである。さらに、第 4 等級は 53%、第 5 等級は 50%、第 6 等級は 47%、第 7 等級は 44% としたのである（1982 年 9 月 17 日法律制定時の国庫補助負担率）[3]。

　フィンランドでは財政力の弱い小規模自治体が多数存在していたため、第 1 等級の自治体と第 2 等級の自治体がフィンランドの全自治体数の約 3 分の 2 を占めていた [4]。これらの自治体に国庫支出金を厚く配分したのであるから、国庫支出金における地方財政調整機能は有効に機能したということができるだろう。そして、1980 年代後半の高成長を背景に国庫支出金が拡充されたことにより、各自治体は競うように社会福祉の充実を図った。老人ホームや保育所、デイサービスセンターが多くの自治体で建設・運営され、ホームヘルパーが全国津々浦々に配置された。こうして、この時期に社会福祉のナショナルミニマムが達成され、フィンランドは名実ともに普遍主義を標榜する北欧福祉国家の一員になったのである。

　なお、この時期には、社会福祉面だけではなく、教育文化面の拡充も進んだ。これにも地方財政調整機能を加味した使途限定の教育文化関係の国庫支出金の果たした役割が大きかったということができるのである。

2　1993 年改革と包括補助金

（1）　1993 年改革と包括補助金制度の創設

　1993 年に大規模な財政改革が行われた。これまでの使途限定の特定補助金、つまり、福祉保健医療関係の国庫支出金と教育文化関係の国庫支出金が廃止され、包括補助金（福祉保健医療包括補助金、教育文化包括補助金）が創設されたのである。1993 年改革により、自治体は、福祉保健医療分野であればどんな支出にも福祉保健医療包括補助金を、また、教育文化分野であればどんな支出にも教育文化包括補助金を充てることができるようになり、自治体の支出の自由裁量権が大幅に拡大したのである。

　包括補助金は、「自治体の裁量が大きな特定財源」ということができる。包括補助金はこれまでの特定補助金によって都市部、農村部問わず全国的に福祉が拡充され、福祉のナショナルミニマムが確立されたことを踏まえたうえで創設されたのである。その意味では、包括補助金は地方分権を志向した補助金ということができるが、1990 年前半の大不況と国の税収減少の影響を受けたため、包括補助金は創設時から大幅に削減されることになったのである。

（2）　福祉保健医療包括補助金の交付方法

　これまでの特定補助金が経費支出ベース（事業費ベース）で自治体に交付されたのに対し、包括補助金は日本の地方交付税のように計算ベースで交付される。**図表 2-1** は、Lappi Maakunta に属するソダンキュラ（Sodankylä）自治体が、どのような計算のもとで包括補助金を受け取っているのかについ

図表 2-1　福祉保健医療包括補助金の交付システム（1994 年度）
　　　　　－ソダンキュラ（Sodankylä) 自治体を例として－

［社会福祉分］
（1）年齢構成別人口
　　0～6 歳　　7.409 マルカ　×　1,028 人　＝　7,616,452 マルカ
　　7～64 歳　　 355 マルカ　×　8,578 人　＝　3,045,190 マルカ
　65～74 歳　　3,257 マルカ　×　 718 人　＝　2,338,526 マルカ
　75 歳以上　　3,008 マルカ　×　 400 人　＝　1,203,200 マルカ
　　　　　　　　　　　　　 10,724 人　＝　14,203,368 マルカ
　　　　　　　　　　　　（ソダンキュラ自治体総人口）
（2）失業率
　　1 ＋ 1.4（定数）× $\dfrac{22.5（ソダンキュラ自治体の失業率）－ 14.6（国平均失業率）}{100}$ ＝ 1.111

　　14,203,368 マルカ× 1.111 ＝ 15,779,941 マルカ
（3）財政力
　　ソダンキュラ自治体の場合 1.5
　　15,779,941 マルカ× 1.5 ＝ 23,669,910 マルカ

　　　　　　　　　　　　　　　　　　　　　社会福祉分 23,669,910 マルカ—①

［保健医療分］
（1）年齢構成別人口
　　0～6 歳　　 984 マルカ　×　1,028 人　＝　1,011,552 マルカ
　　7～64 歳　　 928 マルカ　×　8,578 人　＝　7,960,384 マルカ
　65～74 歳　　2,318 マルカ　×　 718 人　＝　1,664,324 マルカ
　75 歳以上　　3,719 マルカ　×　 400 人　＝　1,487,600 マルカ
　　　　　　　　　　　　　 10,724 人　＝　12,123,860 マルカ
　　　　　　　　　　　　（ソダンキュラ自治体総人口）
（2）疾病率
　　385 マルカ（疾病率で割り出される 1 人当たり額）× 10,724 人（ソダンキュラ自治体の総人口）
　　　　　　　　　　　　× 1.0703（国で定めた係数）＝ 4,418,990 マルカ
　　　　　12,123,860 マルカ＋ 4,418,990 マルカ＝ 16,542,850 マルカ—②
（3）人口密度
　　ソダンキュラ自治体の場合 0.1238
　　16,542,850 マルカ× 0.1238 ＝ 2,048,004 マルカ—③
（4）面積
　　ソダンキュラ自治体の場合 0.3774
　　16,542,850 マルカ× 0.3774 ＝ 6,243,272 マルカ—④

　　②＋③＋④
　　16,542,850 マルカ＋ 2,048,004 マルカ＋ 6,243,272 マルカ＝ 24,834,126 マルカ
（5）財政力
　　ソダンキュラ自治体の場合 1.5
　　24,834,126 マルカ× 1.5　＝　37,251,190 マルカ

　　　　　　　　　　　　　　　　　　　　　保健医療分 37,251,190 マルカ—⑤
　　　　　　　　　　　　　　①　＋　⑤＝ 60,921,100 マルカ—⑥
　　　　　　　　　　　　　　補助金カット分　5,515,742 マルカ—⑦
　ソダンキュラ自治体の受け取る福祉保健医療包括補助金額（⑥－⑦）
　　　　　　　　　　　　　　　　　　　　　　　　　55,405,358 マルカ

（注）　マルカはフィンランドマルカのことである。
〔出所〕　1994 年 12 月に筆者が調査を行ったソダンキュラ（Sodankylä) 自治体資料による。

て示している。人口数（年齢構成別人口数）、疾病率、失業率、財政力、人口密度、面積が自治体への交付の際の指標として採用されていることが把握できる。

　では、**図表 2-1** をみながら、ソダンキュラ自治体を事例に、具体的な包括補助金の交付システム（1994 年度）について検討してみよう。まず、福祉保健医療包括補助金の交付算定においては、社会福祉分と保健医療分とに分け、それぞれについて算定が行われる。そして、両者の算定額の合計額が、ソダンキュラ自治体が国から受け取る福祉保健医療包括補助金の金額となるのである。

　社会福祉分の方から検討しよう。最初に 4 つに区分された年齢構成別人口（0–6 歳、7-64 歳、65-74 歳、75 歳以上）が斟酌される。各年齢構成別人口ごとに 1 人当たりの基本額が設定され、これにソダンキュラ自治体の各年齢階層の人口数が乗ぜられる。こうして得られた各年齢構成の金額を合計すると 1,420 万フィンランドマルカになった。年齢構成別人口 1 人当たり基本額は、保育サービスと密接に関連する 0-6 歳が最も高く 7,409 フィンランドマルカであった。また、0-6 歳に及ばないけれども 65 歳以上の年齢階層は、高齢者福祉サービスとの関連で金額が大きくなっている。65 歳–74 歳が 3,257 フィンランドマルカ、75 歳以上が 3,008 フィンランドマルカで、75 歳以上の方が 65-74 歳に比べて金額が少なかったが、これは 75 歳以上の年齢階層では、福祉サービスよりも医療サービスを受ける割合が高かったからである。次に失業率が考慮される。大不況の影響を受けたため失業率がきわめて高く、この年度の包括補助金を計算する際の国平均失業率は 14.6%、ソダンキュラ自治体の失業率は 22.5% であった（1.4 は定数）。そこで、失業率が大変高かったソダンキュラ自治体の場合は、先に得られた数値（1,420 万フィンランドマルカ）に 1.111 倍することができ、こうして得られた数値は 1,580 万フィンランドマルカになった。さらに、自治体の財政力が斟酌された。すでにみてきたように、特定補助金の場合には、自治体は財政力の大小によって 10 等級に区分されていた。包括補助金の場合は

年齢構成別人口数と失業率に基づいて計算された金額に乗ずることのできる倍数によって自治体の財政力が区分され、自治体は 1.5 倍、1.4 倍、1.3 倍、1.2 倍、1.1 倍、1.0 倍の 6 等級に分けられた。特定補助金の場合ではソダンキュラ自治体は財政力の低い部類にあたる第 2 等級に区分されていたため、包括補助金においては 1.5（倍）と最も高い数値になり、1,580 万フィンランドマルカに 1.5 倍を乗ずることができた。こうして得られた数値は 2,367 万フィンランドマルカとなり、この数値がソダンキュラ自治体の受け取ることのできる福祉保健医療包括補助金の社会福祉分の包括補助金の金額となった。なお、財政力が高くなるにしたがって掛け算する数値が小さくなった。このためにヘルシンキ自治体など財政力が大変高い自治体は 1.0 倍を乗ずることができるにすぎなかった。

　次に保健医療分。保健医療分の計算では年齢構成別人口数、疾病率、人口密度、面積、財政力が用いられた。まず、年齢構成別人口については、計算方法は社会福祉分のものと全く同じである。ただし、保健医療サービスへのニーズとの関連で 1 人当たり基本額は 75 歳以上が最も高く、65-74 歳がこれに続いている。各年齢階層の金額を合計すると、1,212 万フィンランドマルカとなった。次に疾病率が考慮される。ソダンキュラ自治体の疾病率から割り出される 1 人当たりの金額は 385 フィンランドマルカだった。疾病率の高い自治体の 1 人当たりの金額は大きくなり、その反対に疾病率の低い自治体の 1 人当たり額は小さくなる。この時の自治体の最低は 320 フィンランドマルカ、最高は 499 フィンランドマルカだったため、ソダンキュラ自治体の数値は中間的であったということができるだろう[5]。ソダンキュラ自治体の 1 人当たり額である 385 フィンランドマルカに総人口数（1 万 724 人）と係数（1.0703）を乗じ、これによって得られた金額（442 万フィンランドマルカ）に、先ほど得られた数値（1,212 万フィンランドマルカ）を加算すると、1,654 万フィンランドマルカになった。さらに、人口密度と面積が斟酌された。ソダンキュラ自治体は北部の Lappi Maakunta に属しており、人口密度が低くて面積が大きいために、先ほど得られた数値（1,654

万フィンランドマルカ）の 12.38% が人口密度補正分（205 万フィンランド
マルカ）として、同様に 37.74% が面積補正分（624 万フィンランドマルカ）
として付け加えられた。1,654 万フィンランドマルカにこれら 2 つの補正分
を加えると 2,483 万フィンランドマルカとなった。そして、最後に財政力
が斟酌される。ソダンキュラ自治体の場合は 1.5 を乗ずることができるので、
2,483 万フィンランドマルカに 1.5 倍を乗じ、これによって得られた金額は
3,725 万フィンランドマルカになったのである。

　以上のような計算で得られた社会福祉分（2,367 万フィンランドマルカ）
と保健医療分（3,725 万フィンランドマルカ）の合計金額 6,092 万フィン
ランドマルカが、ソダンキュラ自治体が受取ることができる 1994 年度の福
祉保健医療包括補助金の額であった。住民 1 人当たりが受け取る福祉保健
医療包括補助金の額は、国平均（1993 年度）で約 4,000 フィンランドマル
カだったので [6]、財政力の低いソダンキュラ自治体の場合、国平均値より
もかなり高くなっていることが把握できるのである。

　ただし、大不況の影響をもろにかぶり、包括補助金は創設時から大幅に削
減され、これが自治体財政に大きな影響を与えることになったことが注視
されなければならない。つまり、1994 年度には、ソダンキュラ自治体が本
来受けとるべき社会福祉保健医療包括補助金の額のほぼ 9% に相当する 551
万フィンランドマルクが削減されたのである。そして、このような大幅な削
減は、ソダンキュラ自治体だけではなく、ほぼすべての自治体において行わ
れたのである。

　さらに、このような国庫支出金の大幅削減は福祉保健医療包括補助金だけ
にとどまるものではなかった。自治体と自治体連合向けの国庫支出金の総額
は、1993 年度以降 1998 年度まで継続して削減されたのである。国庫支出
金の総額は 1991 年度に 422 億 500 万フィンランドマルカだったが、1997
年度にはその約 4 分の 1 が削減され、307 億 8,700 万フィンランドマルカ
になったのである。

　1994 年度においては、フィンランドの主要な国庫支出金には、福祉保健

医療包括補助金、教育文化包括補助金、国庫交付金、公共事業等のためのプロジェクト補助金、税収格差是正のための国庫支出金（税平衡化国庫支出金、1996年度から）、災害復旧のための国庫支出金などが存在していたが、圧倒的に福祉保健医療包括補助金の比重が大きかった。例えば、1995年度のポルボー（Porvoo）自治体の予算では、福祉保健医療包括補助金が6,250万フィンランドマルカ、教育文化包括補助金が3,910万フィンランドマルカ、国庫交付金が710万フィンランドマルカと見込まれていたことからもわかるように、国庫支出金の中で圧倒的に金額が大きかったのは福祉保健医療包

図表 2-2　ソダンキュラ自治体の財政

①ソダンキュラ自治体の歳入・歳出
（1994年度予算、千フィンランドマルカ）

歳　入	
地方税	94,886
国庫支出金	128,358
販売・料金収入	22,670
地方債	14,230
他	5,384
	265,528

歳　出	
社会福祉保健医療費	96,428
教育文化費	67,266
一般行政費	18,570
失業救済費	7,547
公共事業運営費等	20,515
建設・土木費	27,455
公債費・積立金等	27,747
	265,528

②ソダンキュラ自治体の社会福祉保健医療費
の内訳（1993年度決算、千フィンランドマルカ）

社会福祉保健医療費	87,403
保健医療費	39,235
社会福祉費	48,168
・保育	9,845
ファミリー保育	4,729
保育所	3,073
グループファミリー保育	1,799
他	244
・生活保障	12,247
生活保護	5,623
家庭保育補助	6,624
・社会サービス	26,076
社会サービス	7,032
高齢者サービス	10,549
2次サービス	6,901
（大病院への移送等）	
他	1,594

（注）保健医療費のなかに家畜保健費843千フィンランドマルカを含む。
〔出所〕Perusturvalautakunta,"Talousarvioehdotus 1995",1994.11.1.

括補助金であった⁽⁷⁾。このような国庫支出金の削減は、自治体の福祉保健
医療政策に大きな影響を与えたということができるのである。

　福祉保健医療包括補助金は、社会福祉分野、保健医療分野であれば、どん
な支出にも充当できた。ソダンキュラ自治体では、保健医療分として算定さ
れた金額の方が社会福祉分として算定された金額よりも大きかったが、**図表
2-2** により、ソダンキュラ自治体の福祉保健医療費の内訳をみると、社会福
祉費が保健医療費を上回っていたのであり、その意味では支出の自由裁量権
が実質的に機能していたということができるのである。

（3）　包括補助金制度に対する自治体側の評価⁽⁸⁾

　1994 年 12 月に、筆者は、包括補助金制度の導入を自治体の側がどのよ
うに考えているのかについて、福祉の先進自治体として当時評価が高かっ
た 3 自治体、つまり、ソダンキュラ自治体、ポルボー自治体、ハウスヤルビ
（Hausjärvi）自治体と、アスコラ（Askola）自治体の合計 4 自治体において
聞き取り調査を実施した。Lappi Maakunta に属するソダンキュラ自治体以
外の 3 自治体は南部地域の自治体である（ポルボー自治体とアスコラ自治
体が Itä-Uusimaa Maakunta、ハウスヤルビ自治体が Kanta-Häme Maakunta
に所属）。聞き取り調査では各自治体の福祉担当者が対応してくれたが、北
海道空知管内奈井江町と交流を深めている、ハウスヤルビ自治体では議会議
長や副首長も対応してくださった。

　まず、包括補助金で使い道の自由度が増したことと実際の交付金額につい
て、自治体がどのように考えているのかについて質問した。先進 3 自治体は
包括補助金制度が地方分権に寄与するものとして歓迎していたが、包括補助
金の大幅カットには憤っていた。つまり、「自治体は改革を待っていた。な
ぜなら、今までは国の規制があったから。包括補助金制度の導入により、自
治体はフリーハンドでサービスを行うことができるようになり、住民のニー
ズにより合わせることができる。包括補助金の大幅カットは問題であるが、

もしも特定補助金が存続していても削減されていただろう」(ソダンキュラ自治体)。「ポルボー自治体では、包括補助金制度が導入されて、特定補助金の時よりも交付額が減少した。交付方法には問題が残るが、受け取る金額が少なくなったことはさほど問題ではない。細かなところまで国の規制を受けずに済むようになったことが一番良いことだ」(ポルボー自治体)。「国の補助金カットの影響は大きいが、不況ではない時代には良いシステムである」(ハウスヤルビ自治体)。「包括補助金になることによって、これまでの特定補助金に比べて自治体の交付金額が少なくなることを心配している」(アスコラ自治体)、と。ただし、筆者の質問に答えてくれたポルボー自治体の福祉担当者によれば、ポルボー自治体の首長と福祉担当者の間では認識が異なっていたようで、首長はポルボー自治体の財政収入が減少したことを第1に問題視していたとのことであった。

つぎに、「包括補助金制度の導入により、自治体の福祉保健医療政策の決定実行権は格段に強化されたが、このことは福祉保健医療政策面での自治体間格差を拡大させることにはならないだろうか?」と質問した。この点については、ソダンキュラ自治体とポルボー自治体は自分の自治体については心配していないと述べたが、今後、自治体間格差が生ずることになるだろうことを認めていた。「法に基づいた権利・義務は守るが、サービスのレベルは自治体が決定できるがゆえに、各自治体の福祉保健医療サービスがそれぞれ違い、格差も生ずるだろう」(ソダンキュラ自治体)。「格差は生ずるだろう。一般には、住民の民主的意識があるので大丈夫。ただし、福祉保健医療政策に関する問題意識の低い自治体に居住する住民は不幸かもしれない」(ポルボー自治体)。「障がい者は主権があるので守られるだろう。老人ホームについては法律が改正されたので老人ホームの職員数を減らす自治体も出てくるだろう」(ポルボー自治体)、と。

（4）　包括補助金における自治体の財政力を斟酌した交付方法の変更
　　　（1996 年）と税平衡化補助金、アウトソーシングと規制緩和、近親者
　　　介護サービスへの包括補助金の利用、社会福祉施設建設補助金の廃止
　　　（1995 年）

　1996 年には自治体の財政力を斟酌した交付方法の変更が行われた。
図表 2-1 で示したように、包括補助金の交付にあたっては自治体の財政力
が斟酌された。そして、社会福祉分については年齢構成別人口と失業率に基
づいて算定された金額、保健医療分については年齢構成別人口と疾病率、人
口密度、面積に基づいて算定された金額に、自治体が「掛け算できる倍数」
が定められていた。この倍数を掛け算すれば、社会福祉分の包括補助金額、
保健医療分の包括補助金額が出ることになるが、このような倍数は自治体の
財政力の違いにより、1.5 倍、1.4 倍、1.3 倍、1.2 倍、1.1 倍、1.0 倍と 6
段階に区分されていた。最も財政力の弱い自治体の場合は 1.5 倍、ヘルシン
キ自治体やカウニアイネン（Kauniainen）自治体のように富裕な自治体は 1.0
倍であった。しかし、このような倍数に基づくシステムは包括補助金が創設
されてからわずか 3 年間で終了し、以後、財政力を斟酌した包括補助金額
の自治体への交付は、税平衡化補助金によって行われることになったのであ
る。ただし、このような変更によって地方財政調整機能が弱まったわけでは
なく、税平衡化補助金が新たな役割を担うことになったということができる
のである。税平衡化補助金については、2010 年度に包括補助金制度から一
般補助金制度への移行が行われたことを分析した、本書第 3 章で論ずるこ
とにしたい。
　さらに、特定補助金においては、自治体が自治体直営の福祉サービスをア
ウトソーシングすることが規制されていた。また、民間が提供する福祉サー
ビスを自治体が購入する際に国庫支出金を使用することができなかった。こ
れに対し、包括補助金では自治体がサービスを取り決め、決定できる自由が

強められたため、自治体がほとんどのサービスをアウトソーシングすることが可能になった。これに加えて、自治体は民間によって提供されるサービスを購入するのに包括補助金を使うことができるようになった。実際、包括補助金導入後、自治体サービスの民間委託化が進んだのであり、その意味では、フィンランドにおいては地方分権が実質的に自治体サービスの民間委託化を伴いながら進行していったということができるのである。

　また、近親者介護サービス（親族介護手当）についても特定補助金を用いることができなかったが、包括補助金ではそれが可能になった。実際、65歳以上の近親者介護サービスの利用者数は、1990年度が1万3,196人、2005年が1万9,796人となっており、大幅に拡大しているのである。このような大幅拡大は高齢化の進行によるところが大きいが、包括補助金を使用できるようになったことも影響したのではないかと推測される。

　1995年には、社会福祉施設建設補助金が廃止された。1993年改革では、特定補助金である福祉保健医療関係の国庫支出金のうち自治体への経常費補助にかかわる部分が包括補助金に移行し、施設建設補助にかかわる部分は包括補助金に移行せず、そのまま残った。しかし、1995年にこれが廃止されたのである。この社会福祉施設建設補助金の廃止の影響は大きく、以後、自治体では自治体直営の老人ホームの建設がほとんど進まなくなったのである。

（5）　社会福祉保健医療包括補助金の意義と限界

　1980年代後半に、経済成長による国の税収増と、財政力の弱い自治体への手厚い財源交付を行う地方財政調整のもとで、特定補助金である福祉保健医療国庫支出金が機能し、フィンランドにおける福祉のナショナルミニマムが確立した。そして、このような福祉のナショナルミニマムの確立を背景に、1993年には地方分権を志向した福祉保健医療包括補助金制度が創設された。福祉保健医療包括補助金には自治体の期待が大きかったが、フィンランドでは1991年に大不況が到来して厳しい経済状況に陥ったため、福祉保

健医療包括補助金は創設時から大幅に削減された。そして、景気が回復した後も、国から 1980 年代後半の特定補助金のような大盤振る舞いがなされることはなく、包括補助金の自治体への交付額は継続して抑制基調で推移したのである。

　さらに、特定補助金において規制がなされていた自治体福祉サービスのアウトソーシングや民間委託化についても、包括補助金においては規制緩和され、自治体が福祉サービスをアウトソーシングすることが容易になり、自治体サービスの民間委託化が促進された。その意味では、フィンランドでは地方分権が実質的に自治体福祉サービスの民間委託化を伴いながら進行していったということができるのである。

　さらに、1995 年に社会福祉施設建設補助金が廃止された。このことにより、老人ホーム、とくに自治体直営の老人ホームの建設が進まなくなったのである。

3　2010 年改革と一般補助金

　2010 年には国庫支出金の大部分を占めていた福祉保健医療包括補助金と教育文化包括補助金、国庫交付金が廃止され、新たにこれらを統合した一般補助金制度が創設された。一般補助金は日本の地方交付税と同様に計算ベースで自治体に一般財源を交付するシステムである。一般補助金の創設により、社会保健省や教育文化省は国庫支出金の交付省庁ではなくなり、自治体向けの国庫支出金は、一部の教育文化国庫支出金やプロジェクト補助金等を除き、ONE PIPU CENTRAL GOVERNMENT（財務省所管）に一元化されたのである。そして、フィンランドの地方財政調整は一般補助金の中で行われるようになり、自治体は一般財源として、どんな支出にも一般補助金を充当することができるようになったのである。

一般補助金は創設されてから今年度で 13 年目になる。この間に自治体への交付額に影響する計算方法の改革が、2012 年度、2015 年度、2020 年度に行われた。このうち 2015 年度に行われた改革が自治体財政にもたらした影響が最も大きかったが、この点については第 4 章で詳しく述べることにしよう。

　なお、フィンランドの自治体財政支出の特徴は、1980 年代後半においても今日においても、福祉保健医療費と教育文化費の割合が大変高いことである。自治体と自治体連合を合わせた経費支出の約 4 分の 3 は福祉保健医療費と教育文化費が占めているのである（第 3 章の**図表 3-2**）。さらに、福祉保健医療費は多くの自治体で経費支出の約半分を占め、中には 6 割を超える自治体も存在している。フィンランドでは今後一層の高齢化が進行するため苦悩する自治体も少なくないのである。

注

（1）　1980 年代の特定補助金と 1993 年創設の包括補助金、2010 年度から 2016 年度までの一般補助金については横山純一『転機にたつフィンランド福祉国家―高齢者福祉の変化と地方財政調整制度の改革』、2019 年 1 月、同文舘出版を参照。2015 年度から 2019 年度までの一般補助金制度については横山純一「フィンランド一般補助金の動向（2015-2019）」『自治総研』2020 年 5 月号、2020 年 5 月、地方自治総合研究所、2020 年度と 2021 年度の一般補助金制度については横山純一「フィンランドの一般補助金制度と地方財政調整（2020 年度―2021 年度）」『北海道自治研究』627 号、2021 年 4 月、北海道地方自治研究所、2022 年度の一般補助金制度については横山純一「2022 年度のフィンランド一般補助金の動向と SOTE 改革―地方自治の再編と保健医療福祉改革」『自治総研』2022 年 6 月号、2022 年 6 月、地方自治総合研究所を参照。

（2）　筆者は、1994 年 12 月にアスコラ自治体（Itä-Uusimaa Maakunta 所属）において関係書類一式を資料として収集するとともに、担当者から説明を受けた。

（3）　"Laki sosiaali-ja terveydenhuollon suunnittelusta ja valtionosuudeste".1982 年 9 月 17 日法律成立時の国庫補助負担率である。成立時の国庫補助負担率はその後若干変更されている。

（4）　注 3 に同じ。

（5）　Simo Kokko"State subsidy reform in the Finnish social welfare and health service：in dialogi edited by the National Reserch and Development Centre for welfare and health",1994.

（6）　注 5 に同じ

（7）　1995 年 10 月に筆者が行ったポルボー（Porvoo）自治体でのヒアリング並びにポルボー自治体資料による。

（8）　包括補助金制度に関する自治体側の評価については、横山純一「フィンランドの地方分権と高齢者福祉（2）」『都市問題』87 巻 10 号、1996 年、東京市政調査会を参照。

第3章　フィンランドにおける
2010年の国庫支出金改革と
一般補助金制度の創設

はじめに

　フィンランドでは、2010年に国庫支出金改革が行われた。つまり、これまでの社会保健省所管の国庫支出金（福祉保健医療包括補助金）、教育省所管の国庫支出金（教育文化包括補助金）、財務省所管の国庫支出金（国庫交付金と税平衡化補助金）を1本に統合し、財務省所管の一般補助金として地方自治体に交付する改革が行われたのである（2010年1月1日実施）。

　本章では、近年のフィンランドの地方自治体（Kunta）の財政状況や自治体を取り巻く環境の変化について検証するとともに、2010年の国庫支出金改革の内容と意義について考察することにしたい。

1　フィンランドにおける
国と地方自治体の税源配分と自治体財政の状況

（1）国と地方自治体の税源配分

国税と地方税の関係についてみてみると、リーマンショック以前は、国税

収入額と地方税収入額との関係についてはほとんど変化がなく、2005 年度が 71 対 29、2008 年度が 69 対 31 となっており、国税収入の割合がほぼ 7 割、地方税収入がほぼ 3 割であった [1]。フィンランドでは、福祉保健医療分野、教育文化分野などで事務事業や権限の面で地方分権が進んでいたが、財源的には日本よりもフィンランドの方が国税の割合が高く地方税の割合が低かったのである [2]。

　ただし、リーマンショック以後のフィンランドにおいては、景気の低迷による収入減や法人所得税の減税もあって国税所得税が落ち込み、それが国税対地方税に変化をもたらした。例えば、2010 年度（決算）には 65 対 35、2013 年度（決算）と 2014 年度（決算）の両年度ともに国税対地方税は 67 対 33 だったのである [3]。

　図表 3-1 は、税（国税と地方税）と社会保険料を、個人所得課税、法人所得課税、商品・サービスへの課税、社会保険料負担の 4 つに分け、2000 年度と 2007 年度、2012 年度について比較したものである。いくつかの特徴があげられるが、まず、法人所得課税が絶対額、構成比の両方において低下していることである。とくに、2012 年度の低下が著しかったが、これはリーマンショックが終わってもフィンランド経済がなかなか回復の兆しが見

図表 3-1　フィンランドにおける税・社会保険料負担の変化
（2000 年度決算、2007 年度決算、2012 年度決算、百万ユーロ、%）

	2000		2007		2012	
	金額（構成比）		金額（構成比）		金額（構成比）	
所得税（個人分）	19,118	（30.6）	23,396	（30.9）	24,989	（29.3）
所得税（法人分）	7,792	（12.5）	6,962	（8.1）	4,213	（4.9）
社会保険料負担	15,757	（25.2）	21,390	（28.0）	25,261	（29.6）
商品・サービスへの課税	18,220	（29.2）	23,441	（30.3）	28,370	（33.3）
その他	1,545	（2.5）	2,076	（2.7）	2,436	（2.9）
合計	62,432	（100.0）	77,265	（100.0）	85,269	（100.0）

〔出所〕Tilastokeskus "Suomen tilastollinen vuosikirja 2009", 2009, S.343, Tilastokeskus "Suomen tilastollinen vuosikirja 2015", 2015, S.77.

えなかったからである。さらに、2014年1月1日からは、法人所得税の税率が24.5%から20%に引き下げられた。個人所得課税については、国税の比重が下がってきたものの、地方所得税が税率引き上げにより税収増になり、全体として若干の伸びがみられた。商品・サービスへの課税については、その多くの部分を占める付加価値税が安定的に伸長した。そして、これらの租税に対して、社会保険料（社会保障拠出金）の比重が高まっている。社会保険料の負担は、基本的に労使折半となっている日本とは異なり、フィンランドでは、ほぼ企業が75%、本人が25%の負担となっている[4]。

（2）フィンランドの自治体財政の状況

フィンランドの自治体の歳出規模（複数の自治体が共同で事務事業を行うために設立される自治体連合の歳出を含む）は約380億ユーロであった（**図表3-2**）。それを目的別歳出でみると、福祉保健医療費（歳出総額の51%）と教育文化費（同24%）の比重が高く、この2つの経費で歳出総額の4分の3を占めている。福祉保健医療費と教育文化費には、人件費や物件費などの経常的経費のほかに投資的経費が含まれている。さらに、性質別歳出をみると給与・賃金が歳出総額の39%、社会保険費が12%、商品・サービス購入費が28%、公債費が4%、投資的経費が10%、補助金が5%であった。

自治体の歳出のうち、福祉保健医療費と教育文化費が圧倒的に大きな割合を占めているが、これは、自治体と自治体連合が高齢者、児童、障がい者（児）などの福祉、医療（1次医療、2次医療、歯科診療など）、予防保健医療、教育（義務教育、中等教育、職業教育など）、文化（図書館、生涯学習など）などの事務事業を展開しているからである。このほかにも、自治体と自治体連合は地域計画、上下水道、消防・救急、廃棄物処理、地域集中暖房、地方道や街路の整備・維持管理、交通（路面電車、バス、船の運航など）、雇用・経済振興、環境保護など幅広い事業を行っている[5]。

また、年金、大学、警察、国道の維持管理、徴税（地方税を含む）、児童

手当などは国の責任となっており、フィンランドでは、国と地方の役割分担
は比較的はっきりしているといえるが、環境や地域開発、雇用などでは国と
地方の仕事が重なる領域も存在している。

図表 3-2 フィンランドの地方自治体の歳出と歳入

(2009 年度予算、%)

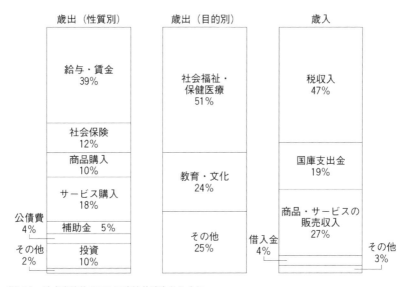

（注1） 地方自治体のほかに自治体連合をふくむ。
（注2） 財政規模は 380 億ユーロである。
〔出所〕 フィンランド財務省資料 "Local Self-Government in Finland" , 2010.

　次に、フィンランドの自治体の歳入をみると（自治体連合の歳入を含む）、
地方税が歳入総額の 47％、国庫支出金が 19％、商品・サービスの販売収入
が 27％、借入金が 4％であった。なお、自治体連合には課税権がなく、国
庫支出金についても、1993 年の包括補助金制度の創設以降は一部の教育文
化関係の国庫支出金を除けば、自治体連合に直接交付されるものはほとん
ない。2007 年度決算での地方税収入は 164 億ユーロであった。うち地方所
得税が 140 億ユーロ、不動産税が 9 億ユーロで、これに法人所得税の自治
体収入分 15 億ユーロが加わった。また、国庫支出金収入は 77 億ユーロであっ

た⁽⁶⁾。なお、自治体の行う投資的事業は、自治体平均でみれば、地方税と
国庫支出金で事業費の3分の2、地方債で事業費の3分の1を賄っていた⁽⁷⁾。

　さらに、商品・サービス購入費の比重が高かったが、これは自治体が自治
体連合立の病院から医療サービスを購入したり、福祉の民間委託が進むなか
で民間などの訪問介護事業所や高齢者サービスつき住宅を運営する事業所な
どから高齢者福祉サービスを購入したり、民間の保育サービス事業所から児
童福祉サービスを購入しているからである⁽⁸⁾。また、財政収入において商品・
サービスの販売収入がかなりの規模を占めているが、これは自治体や自治体
連合自らが、福祉保健医療はもちろん、教育文化、路面電車やバス、船舶な
どの交通、地域集中暖房などの分野において、商品・サービスの販売者とし
て収入をあげているからである。

　地方所得税は比例税率で自治体が自由に税率を決定できる。第1章でみ
てきたように、税率（平均）は徐々に上昇している。

　不動産税については税率に制限が設けられており、自治体は一定の範囲
内で税率を決めることができる。例えば、1戸建ての家の場合は評価額の
0.22％から0.5％の範囲内で課すことができるのである。自治体の平均は
0.29％で、最高は0.5％、最低は0.22％であった⁽⁹⁾。また、建物が建って
いない土地には高い税金が課せられる場合もあるし、公益に資する場合は税
が免除される場合がある⁽¹⁰⁾。

　法人所得税については、その税収入の約22.03％は自治体分であるが
（2007年度、国の分は77.97％）、個別自治体の受けとる金額は当該自治体
に立地している企業の課税所得による。もしも、企業とその関連会社がいく
つかの自治体で事業展開をしている場合は、従業員数にしたがって自治体間
で配分されることになる⁽¹¹⁾。

2　フィンランドの地方自治体の状況

　フィンランドの自治体を取り巻く環境は大きく変化した。変化の特徴として次の3つをあげることができる。それは、人口の都市集中と過疎化の進行、高齢化の進行、自治体間の経済力格差の拡大とその反映としての財政力格差の拡大である。自治体間の経済力格差と財政力格差については別章で詳しく述べるため、ここでは前2者についてみていくことにしよう。

（1）　人口の都市への集中と過疎化

図表3-3　Maakunta 別にみた人口の移動

（2011年度、人）

Maakunta	流入人口	流出人口	人口増減
全国	281,537	281,537	
Uusimaa	88,082	85,904	2,178
Varsinais-Suomi	24,376	23,795	581
Satakunta	9,369	9,798	マイナス429
Kanta-Häme	9,784	9,543	241
Pirkanmaa	29,503	28,042	1,461
Päijät-Häme	11,346	11,052	294
Kymenlaakso	5,732	6,331	マイナス599
Etelä-Karjala	5,428	5,869	マイナス441
Etelä-Savo	6,792	7,328	マイナス536
Pohjois-Savo	13,094	13,167	マイナス73
Pohjois-Karjala	8,620	8,921	マイナス301
Keski-Suomi	14,190	14,190	0
Etelä-Pohjanmaa	8,085	8,311	マイナス236
Pohjanmaa	7,919	8,096	マイナス177
Keski-Pohjanmaa	2,294	2,532	マイナス238
Pohjois-Pohjanmaa	23,402	23,801	マイナス399
Kainuu	3,328	3,999	マイナス671
Lappi	8,644	9,372	マイナス728
Ahvenanmaa	1,559	1,486	73

〔出所〕　Tilastokeskus "Suomen tilastollinen vuosikirja 2012", 2012, S.147.

人口の都市集中が進んでいる。そして、北部や北東部の Maakunta（Lappi、Kainuu など）の人口減少が大きくなっている。人口が増大した Maakunta は南部に集中しているのであり（**図表3-3**）、首都のヘルシンキ自治体のある Uusimaa やタンペレ自治体のある Pirkanmaa、トゥルク自治体のある Varsinais-Suomi などが着実に人口増加となっていることが把握できるのである。人口の都市への集中と過疎化の大きな理由は、産業構造の変化と都市への人口移動であるということができよう⁽¹²⁾。

（2） 人口の高齢化⁽¹³⁾

人口の高齢化が過疎地域を中心に進んでいる。フィンランドの高齢者比率（全国平均）は、2005 年（2005 年 12 月 31 日現在）には 16.0％、2014 年（2014

図表3-4　フィンランドの高齢者比率が高い自治体と低い自治体

(%)

	高齢者比率が高い自治体		高齢者比率が低い自治体	
	自治体名（所属 Maakunta）	高齢者比率	自治体名（所属 Maakunta）	高齢者比率
2005 年	Luhanka（Keski-Suomi）	33.8	Oulunsalo（Pohjois-Pohjanmaa）	6.5
	Kuhmoinen（Keski-Suomi）	30.9	Kiiminki（Pohjois-Pohjanmaa）	6.9
	Suomenniemi（Etelä-Karjara）	30.0	Kempele（Pohjois-Pohjanmaa）	8.1
	Kumlinge（Ahvenanmaa）	28.7	Liminka（Pohjois-Pohjanmaa）	8.7
	Ristijärvi（Kainuu）	28.5	Kirkkonummi（Uusimaa）	8.8
2014 年	Kuhmoinen（Keski-Suomi）	40.3	Liminka（Pohjois-Pohjanmaa）	8.7
	Luhanka（Keski-Suomi）	39.3	Tymävä（Pohjois-Pohjanmaa）	11.5
	Sysmä（Päijät-Häme）	36.0	Kempele（Pohjois-Pohjanmaa）	13.2
	Puumala（Etelä-Savo）	35.7	Pormainen（Uusimaa）	13.2
	Vesanto（Pohjois-Savo）	35.2	Espoo（Uusimaa）	13.6

（注1）2005 年は 2005 年 12 月 31 日現在、2014 年は 2014 年 12 月 31 日現在の数値。
（注2）高齢者比率が高い自治体、低い自治体ともに上位 5 自治体を掲げている。
（注3）Suomenniemi、Oulunsalo、Kiiminki は自治体合併で現在は存在しない。
〔出所〕Tilastokeskus "Suomen tilastollinen vuosikirja 2006", 2006,S.78-99.
　　　　Tilastokeskus "Suomen tilastollinen vuosikirja 2015", 2015,S.442-457.

年 12 月 31 日現在）には 19.9％となっている。65 歳以上人口の割合が高い Maakunta についてみてみると、2014 年（2014 年 12 月 31 日現在）において、最大が Etelä-Savo の 26.8％、続いて Kymenlaakso と Kainuu の 24.4％であった。その反対に、65 歳以上人口の割合が低いのは Uusimaa の 16.1％、続いて Pohjois-Pohjanmaa の 16.8％であった。

　高齢者比率を自治体ごとにみていくと（2014 年）、最も高い高齢者比率は、Kuhmoinen 自治体の 40.3％、2 位が Luhanka 自治体の 39.3％、3 位が Sysmä 自治体の 36.0％であった。最も高齢者比率が低かったのは、いずれも産業都市であるオウル（Oulu）自治体の近郊の自治体であり、Liminka 自治体の 8.7％、続いて Tymävä 自治体の 11.5％、Kempele 自治体の 13.2％の順であった（**図表 3-4**）。

図表 3－5　各 Maakunta における全自治体数に占める高齢者比率が 30%以上の自治体数の割合　　　　　　　　　　　　　　　　　　　　　　　　　（%）

	自治体数	高齢者の比率が 30%以上の自治体数	高齢者比率 30%以上の自治体の占める割合
全国	317	63	19.8
Uusimaa	26	0	0
Varsinais-Suomi	27	3	11.1
Satakunta	19	2	10.5
Kanta-Häme	11	0	0
Pirkanmaa	22	2	9
Päijät-Häme	11	3	27.2
Kymenlaakso	7	1	14.2
Etelä-Karjala	9	4	44.4
Etelä-Savo	14	10	71.4
Pohjois-Savo	19	7	36.8
Pohjois-Karjala	13	6	46.1
Keski-Suomi	23	8	34.7
Etelä-Pohjanmaa	18	3	16.6
Pohjanmaa	15	2	13.3
Keski-Pohjanmaa	8	0	0
Pohjois-Pohjanmaa	29	1	3.4
Kainuu	9	4	44.4
Lappi	21	5	23.8
Ahvenanmaa	16	2	12.5

（注）2014 年 12 月 31 日現在の数値である。
〔出所〕Tilastokeskus "Suomen tilastollinen vuosikirja 2015", 2015,S442-457.

さらに、**図表 3-5** をみると、Maakunta の中には高齢者比率が 30％以上の自治体数が当該 Maakunta の全自治体数の 7 割を超過している Maakunta（Etelä-Savo）や、約半分近くの自治体が高齢者比率 30％以上になっている Maakunta（Pohjois-Karjala、Etelä-Karjala、Kainuu）が存在していることがわかる。

　なお、最近のフィンランド統計局（Statistics Finland）資料によれば、現在、フィンランドにおいては高齢化が一層進んできている。2021 年 12 月31 日現在では、フィンランドの高齢者比率は 23.03％となっており、ヨーロッパ諸国の中でイタリアに次いで 2 番目に高齢者比率が高い国になっている。先述した Etelä-Savo Maakunta の高齢者比率は 32.5％ に上昇し、Uusimaa Maakunta でも 18.1％ に上昇しているのである。

3　2010 年の国庫支出金改革

（1）　国庫支出金と地方財政調整

　すでに述べたように、1993 年に地方分権的な財政改革が行われ、それまでの使途が厳しく限定されていた福祉保健医療と教育文化の国庫支出金（特定補助金）に代わり、自治体の支出の裁量権を大幅に拡大した包括補助金（福祉保健医療包括補助金、教育文化包括補助金）がつくられた。

　フィンランドにおいて地方財政調整の役割を担うのは国庫支出金である。自治体間の財政力に違いがあるため、地方財政調整機能をもつ国庫支出金への依存度が高い自治体もあれば、自主財源の比重が圧倒的に高い自治体も存在する。2007 年度決算では、地方税と国庫支出金の比率（全国平均）は 3 対 1 となっていたが、Maakunta 別にみてみると、Uusimaa が 9.5 対1、Itä-Uusimaa が 4 対 1 と自主財源比率が高かった。これとは反対に、所

図表 3 - 6　Maakunta 別にみた地方自治体の地方税収入・国庫支出金収入の人口 1 人
当たり額と国庫支出金収入が地方税収入を上回った自治体数

(2007 年度決算、ユーロ)

Maakunta	地方税	国庫支出金	国庫支出金収入が地方税収入を上回った自治体数
Uusimaa	3,841	404	0
Itä-Uusimaa	3,428	892	0
Varsinais-Suomi	2,996	1,200	1
Satakunta	2,735	1,556	5
Kanta-Häme	2,842	1,115	0
Pirkanmaa	2,960	1,035	1
Päijät-Häme	2,797	1,088	0
Kymenlaakso	2,983	1,079	1
Etelä-Karjala	2,789	1,136	0
Etelä-Savo	2,644	1,533	2
Pohjois-Savo	2,625	1,471	9
Pohjois-Karjala	2,507	1,751	⑦
Keski-Suomi	2,682	1,253	9
Etelä-Pohjanmaa	2,497	1,632	3
Pohjanmaa	2,865	1,542	0
Keski-Pohjanmaa	2,660	1,530	3
Pohjois-Pohjanmaa	2,768	1,397	13
Kainuu	2,567	1,821	⑤
Lappi	2,795	1,631	7
Ahvenanmaa	2,764	1,037	2
全国	3,074	1,086	67

(注) ○印は国庫支出金収入が地方税収入を上回った自治体数が半数以上の Maakunta。
〔出所〕Tilastokeskus "Suomen tilastollinen vuosikirja 2009", 2009, S.366-381 より作成。

属自治体の半数以上において地方税収入額を国庫支出金収入額が上回った
Maakunta（Kainuu、Pohjois-Karjala）が存在しているのである（**図表 3-6**）。

（2）　2010 年の国庫支出金改革と一般補助金の創設

2010 年に改革が実施されたことにより、特定の教育文化サービス（職業

専門学校など）に関する国庫支出金と投資的事業への補助金等を除いて、国庫支出金が１つにまとめられ、財務省から使途が限定されない一般補助金として自治体に交付されることになった。この改革による自治体と自治体財政への影響は、少なくとも改革直後においてはほとんどなかった。というのは、1993年の改革後、包括補助金は「大変幅広い特定財源」としての役割を果たしてきたことや、今回の改革で自治体に交付する際の算定方法が変化したわけではなかったからである。さらに、一般交付金については、もともとほぼ一般財源の交付にちかいものであったということができるからである。

　では、自治体に一般補助金が交付される仕組みをみてみよう。

　まず、包括補助金において各自治体の財政需要分を算定する方法であった推計コスト積み上げ方式が改革後も踏襲された。これまで福祉保健医療包括補助金は、各自治体の年齢別構成人口数にそれぞれの年齢階層別人口ごとに算定された基礎価格（１人当たり額）を乗じたものを基本に、失業率、疾病率、人口密度や面積といった地理的条件などが加味されて各自治体の福祉保健医療費の推計コストが算出されていた。また、教育文化包括補助金のうち就学前教育と義務教育では基礎価格に人口数（6-15歳）を乗じ、さらに、人口密度や島しょ部の場合の上乗せや、13-15歳人口分の上乗せ、２つの公用語（フィンランド語とスウェーデン語）をもち住民の多くがスウェーデン語を話す自治体やスウェーデン語のみを公用語としている自治体（Ahvenanmaa に属する全自治体と Pohjanmaa に属する Luoto など３自治体）の場合の上乗せ、などが加味されて推計コスト算定がなされてきた。改革後も、このような仕組みに変化がなかったのである（図表3-7、図表3-8）。図表3-9では、改革の初年度にあたる2010年度の一般補助金算定の際の福祉保健医療分における最も重要な指標となる年齢構成別人口に関する基礎価格（１人当たり）を掲げた。保育サービスが必要な年齢層（0-6歳）の社会福祉の基礎価格や、介護サービスや医療サービスがとくに必要となる75歳-84歳、85歳以上の社会福祉と保健医療の基礎価格が大きな金額となっていることが判断できるのである。

図表3‒7　一般補助金算定の際の福祉保健医療分の推計コスト積み上げ方式
　の内容

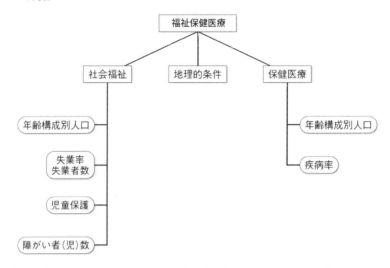

〔出所〕　フィンランド財務省資料 "The System of central government transfers" , 2010.

図表3‒8　一般補助金算定の際の教育文化分の推計コスト積み上げ方式の内容

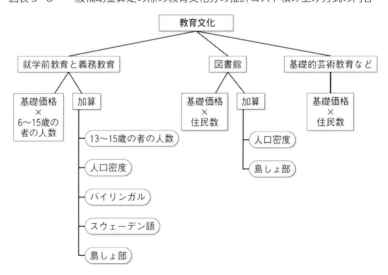

〔出所〕　フィンランド財務省資料 "The System of central government transfers" , 2010.

図表3-9 一般補助金算定の際の福祉保健医療分における年齢構成別人口ごとに算定された基礎価格の数値

(2010 年度、住民1人当り額、ユーロ)

社会福祉		保健医療	
0〜6歳の基礎価格	6,249.79	0〜6歳の基礎価格	791.4
7〜64歳の基礎価格	291.92	7〜64歳の基礎価格	879.92
65〜74歳の基礎価格	847.49	65〜74歳の基礎価格	2,071.39
75〜84歳の基礎価格	5,113.61	75〜84歳の基礎価格	3,995.44
85歳以上の基礎価格	14,041.43	85歳以上の基礎価格	6,935.07

〔出所〕 2010 年3月10日実施の Kuntaliitto（フィンランド自治体協会）におけるヒアリングならびに同協会資料 "About the local tax revenues and finances and the state subsidies reform 2010", 2010 により作成。

　なお、高校、職業専門学校、高等専門学校などの教育サービスと、美術館や劇場などの一部の文化サービスに関するものについての補助金は、一般補助金としてではなく、教育文化省所管のまったく別の形態の補助金として取り扱われることになった。つまり、この補助金は一般補助金の算定からははずされており、教育文化省所管の補助金として生徒数などに基づいて交付先に交付されたのである。一般補助金がすべて自治体に交付されたのに対し、この補助金の交付先は自治体とは限らなかった。例えば、自治体立だけではなく、自治体連合立や民間の運営も多い職業専門学校の場合には、自治体だけではなく、運営主体となっている自治体連合や民間に直接補助金が支出されたのである[14]。このため、実質的には特定補助金に近い性格を有しているということができるのである。

　次に、包括補助金と同様に一般補助金でも、自治体の財政需要分の計算において、各自治体の福祉保健医療、教育文化のそれぞれの推計コスト積み上げ額から各自治体が自らの財源で負担すべき金額が差し引かれる仕組みが維持された。そして、このようにして得られた金額が、福祉保健医療、教育文化それぞれにおける国から各自治体への移転金額（財政需要分の一般補助金の額）になった。自治体の自己財源で負担すべき金額は、自治体の区別な

くどこの自治体においても住民 1 人当たり同額であったが、自治体が自己財源で負担する金額は、各年度の福祉保健医療費、教育文化費それぞれについての国と自治体との間の支出の責任割合（推計コストに対する国と自治体の負担割合）にもとづいて計算されたのである[15]。

　具体的に、包括補助金制度の最終年度となった 2009 年度の場合についてみてみよう。福祉保健医療分野においては自治体負担分が 65.36 ％、国負担分（国庫支出金分）が 34.64 ％、教育文化分野においては教育と図書館の自治体負担分が 58.18 ％、国庫支出金分が 41.82 ％、文化関係の自治体負担分が 70.30 ％、国庫支出金分が 29.70 ％であった[16]。さらに、福祉保健医療分野の推計コスト額（年齢構成別人口ごとに算定された基礎価格）は、**図表 3-10** のように年度ごとに変化している。例えば 85 歳以上の社会福祉

図表 3-10　福祉保健医療分野（福祉保健医療包括補助金）における年齢構成別人口ごとに算定された基礎価格の数値の変化（人口 1 人当たり額）と福祉保健医療の全推計コストに占める福祉保健医療包括補助金の占める割合、自治体が自己財源で負担すべき 1 人当たり額

（ユーロ、％）

社会福祉	2006 年度	2007 年度	2008 年度	2009 年度	保健医療	2006 年度	2007 年度	2008 年度	2009 年度
0 ～ 6 歳の基礎価格	4,719.40	4,916.24	5,931.23	6,080.74	0 ～ 6 歳の基礎価格	581.26	602.10	721.07	749.19
7 ～ 64 歳の基礎価格	223.44	240.79	291.63	280.05	7 ～ 64 歳の基礎価格	661.89	686.35	822.39	854.86
65 ～ 74 歳の基礎価格	621.25	652.71	781.55	824.64	65 ～ 74 歳の基礎価格	1,556.63	1,622.79	1,943.12	2,018.90
75 ～ 84 歳の基礎価格	3,776.58	3,935.40	4,712.66	4,983.99	75 ～ 84 歳の墓礎価格	3,021.55	3,129.86	3,748.02	3,894.19
85 歳以上の基礎価格	10,545.74	10,965.83	13,129.18	13,865.52	85 歳以上の基礎価格	5,245.63	5,433.66	6,505.61	6,759.33

福祉・保健医療の全推計コストにしめる包括補助金の割合と自治体が自己財源で負担すべき 1 人当たり額				
	2006 年度	2007 年度	2008 年度	2009 年度
包括補助金の割合	33.32％	33.88％	32.74％	34.64％
1 人当たり自治体負担額	1,539.35 ユーロ	1,603.04 ユーロ	1,973.52 ユーロ	1,993.73 ユーロ

（％、ユーロ）

〔出所〕　Valtion talousarvioesitys 2009". 2008, S.628 より作成。

については、2006年度が1万546ユーロであったが2009年度には1万3,866ユーロに、0〜6歳の社会福祉は2006年度が4,719ユーロであったが2009年度には6,081ユーロに、それぞれ上昇したのである。

　福祉保健医療分野の全推計コストにしめる国庫支出金分（国負担分）は2006年度が33.32%、2007年度が33.88%、2008年度が32.74%、2009年度が34.64%というように若干の変化がみられた。また、自治体が自己財源で負担すべき1人当たり金額が上昇し、2006年度が1,539ユーロ、2007年度が1,603ユーロ、2008年度が1,974ユーロ、2009年度が1,994ユーロとなった。そして、2009年度の全自治体が負担する総額（自治体負担分の総額）は約100億ユーロにのぼったのである。

　2008年度の福祉保健医療分野における自治体の自己財源で負担すべき住民1人当たり金額は1,974（1,973.52）ユーロであった。2008年度には、北部の Lappi Maakunta に所属する Salla 自治体（人口4,308人、2008年12月31日現在）の推計コストにもとづく国庫支出金額（福祉保健医療包括補助金額）は住民1人当たり2,125ユーロ、西南部の Uusimaa Maakunta に属する Kirkkonummi 自治体（同3万5,981人）は513ユーロ、同じく Uusimaa Maakunta に属する Helsinki 自治体（同57万6,632人）は756ユーロだった（**図表 3-11**）。

　なお、就学前教育学校と義務教育学校の生徒が居住する自治体とは別の自治体の学校に通学している場合は、教育サービスを提供している自治体は、生徒の居住自治体から補助金の返還を受けることができる。その金額は、就学前教育と義務教育の基礎価格と当該児童生徒数、13〜15歳人口がいる場合の上乗せ額により決定された[17]。

　このようにして、一般補助金になっても、これまでの包括補助金分が福祉保健医療分と教育文化分に区分されたうえで、それぞれ計算されて一般補助金額が示されることになったのである。これに加えて一般補助金額として算定されるものには、2010年改革前に存在した国庫交付金分がある。つまり、自治体は福祉保健医療、教育文化分野以外の事務事業も行っているため

図表 3-11　福祉保健医療における国から自治体への移転額と自治体が自ら負担す
　　　　　べき額　　　　　　　　　　　　　　　（2008 年度、住民 1 人当たり額、ユーロ）

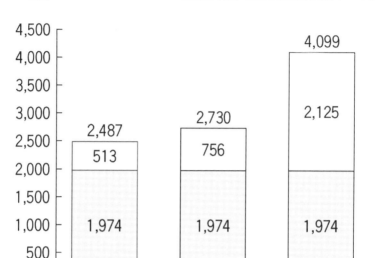

（注 1 ）　斜線部が自治体が自ら負担すべき 1 人当たり福祉保健医療費の額。
（注 2 ）　白線部が 1 人当たりの国からの福祉保健医療包括補助金額。
〔出所〕　Suomen Kuntaliitto "About the local tax revenues and finances and the state
　　　subsidies reform 2010", 2010.

に、これまで福祉保健医療包括補助金と教育文化包括補助金のほかに、福祉
保健医療や教育文化以外の自治体の財政需要に対応することを目的とした国
庫交付金が国から交付されていた。2010 年の改革では、このような国庫交
付金についても、その算定方法が踏襲されることになったのである。つまり、
国庫交付金では基礎価格に住民数を乗じて推計コストが算出されたのである
が、その際、島しょ部や遠隔地、自治体の構造、言語などへの配慮がなされ
ていた。この方法が改革後も維持され（**図表 3-12**）、一般分（福祉保健医療
分と教育文化分以外の分）として一般補助金に含まれることになったのであ
る。

図表 3–12　一般補助金算定の際の一般分の推計コスト積み上げ方式の内容

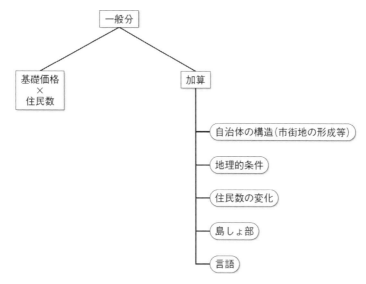

〔出所〕　フィンランド財務省資料 "The system of central government transfers", 2010.

（3）自治体間の税収格差是正の方法

　以上のように財政需要分の算定がなされたうえで、さらに自治体の財政力（自治体間の税収格差）が斟酌される。財政需要分の計算方法でも島しょ部や過疎自治体への配慮がなされてはいるが、あくまでも、これは財政需要に着目した中でのことにすぎない。自治体が自己財源で負担すべき金額は、自治体の区別なく住民1人当たり同額となっていて自治体間の税収格差への考慮はない。そこで、これまでの税平衡化補助金でとられていたときと同様な方法で、一般補助金においても自治体間の税収格差に着目した調整が行われるのである。

　その方法は次のとおりである。つまり、住民1人当たりの地方税収入額（計算上の住民1人当たり地方税収入額）が全国平均の住民1人当たり地方税収入額の91.86％（2010年度、2011年度）に達しない自治体（2010年度

265 自治体、2011 年度は 258 自治体）には、達しなかった分の補助金が
増額されたのである。その反対に、住民 1 人当たりの地方税収入額が全国平
均の住民 1 人当たり地方税収入額の 91.86％を超過した自治体（2010 年度
は 61 自治体、2011 年度は 62 自治体）はその超過分の 37％分（2010 年度、
2011 年度）の補助金が減額されたのである。

　その際の計算上の住民 1 人当たり地方税収入額とは、各自治体の実際の
地方税収入額ではない。地方所得税の税率や不動産税は自治体間で相違する
ので、全国の平均税率を用いた「計算上の住民 1 人当たり地方所得税収入額」
と「計算上の住民 1 人当たり不動産税収入額」が使用されるのである。そし
て、算定にあたっては、2 年前の地方所得税の平均税率が用いられた。例え
ば、2011 年度における自治体間の税収格差是正では、2009 年度決算での
地方所得税の平均税率である 18.59％が適用されたのである。不動産税につ
いても 2009 年度決算での平均税率が適用され、例えば、定住用の 1 戸建て
住居の場合は 0.30％であった。

　では、**図表 3-13** を用いて、2011 年度予算において、自治体間の税収格
差に着目してどのような自治体間調整がなされているのかを具体的に検討し
てみよう。自治体間調整にあたっては地方税収入額（決算）、人口数とも 2
年前のデータが用いられることになっていた。2008 年 12 月 31 日現在の
フィンランドの総人口数は 529 万 8,858 人で、2009 年度の計算上の地方
税収入額は 173 億 7,715 万 1,490 ユーロ（平均税率適用の地方所得税収入
額が 150 億 3,187 万 4,259 ユーロ、平均税率適用の不動産税収入額が 9 億
6,126 万 1,165 ユーロ、法人所得税収入額のうちの自治体分が 13 億 8,401
万 6,067 ユーロ）であった。そこで、計算上の 1 人当たりの地方税収入額
は 3,279 ユーロとなり、この数値に 91.86％を乗じた金額である 3,012.47
ユーロが基準値となった。このような基準値を計算上の 1 人当たり地方税収
入額が下回った自治体には、3,012.47 ユーロに達する金額になるように補
助金が増額され、これとは反対に、計算上の 1 人当たり地方税収入額が基準
値を上回った自治体には、その上回った金額（その自治体の計算上の 1 人当

図表 3-13　税収格差是正のための自治体間の調整のしくみ

自治体	自治体の所属するMaakunta	人口 (2008年12月31日現在)	計算上の地方所得税収 (2009年度決算、ユーロ)	法人所得税の自治体分 (2009年度決算、ユーロ)	計算上の不動産税収 (2009年度決算、ユーロ)	計算上の地方税収 (2009年度決算、ユーロ)		基準値との差 (ユーロ)	2011年度予算	
						計算上の地方税収入額 (ユーロ)	1人当り額 (ユーロ)		1人当り調整額 (ユーロ)	調整額 (ユーロ)
全国		5,298,858	15,031,874,259	1,384,016,007	961,261,165	17,377,151,490	3,279		-3	-17,237,217
Helsinki	Uusimaa	574,564	2,119,130,554	255,258,255	174,525,342	2,548,914,151	4,436	-1,424	-527	-302,681,215
Espoo	Uusimaa	241,565	1,015,511,806	128,449,974	74,721,211	1,218,682,991	5,045	-2,032	-752	-181,661,000
Eurajoki	Satakunta	5,871	25,466,277	950,236	3,399,165	29,815,679	5,078	-2,066	-764	-4,487,903
Harjavalta	Satakunta	7,580	20,489,610	9,811,138	1,213,060	31,513,807	4,157	-1,145	-424	-3,211,355
Kaskinen	Pohjanmaa	1,478	4,798,907	2,844,453	518,828	8,162,189	5,522	-2,510	-929	-1,372,611
Kauniainen	Uusimaa	8,545	50,086,927	1,273,352	3,155,826	54,516,105	6,380	-3,367	-1,246	-10,646,583
Ranua	Lappi	4,428	7,578,263	505,346	478,491	8,562,100	1,934	1,079	1,079	4,777,117
Kärsämäki	Pohjois-Pohjanmaa	2,970	5,244,465	348,490	256,416	5,849,371	1,969	1,043	1,043	3,097,665
Merijärvi	Pohjois-Pohjanmaa	1,187	1,911,105	94,255	90,427	2,095,787	1,766	1,247	1,247	1,480,015
Polvijärvi	Pohjois-Karjala	4,843	8,116,685	834,783	565,833	9,517,301	1,965	1,047	1,047	5,072,092
Raakkylä	Pohjois-Karjala	2,671	4,448,750	411,985	384,097	5,244,832	1,964	1,049	1,049	2,801,475

(注1) 計算上の地方所得税の税率は18.59%（2009年度）、計算上の不動産税の税率については例えば1戸建て定住住民は0.30%（2009年度）である。

(注2) 基準値は3,012.74ユーロで、基準値を計算する際に全国平均の1人当りの計算上の地方税収入額（3,279ユーロ）に乗じる数値は91.86%である。

(注3) 1人当り調整額を出す際に、基準値を上回る自治体が調整減額される1人当り額は基準値との差額に37%を乗じた額である。

(出所) Suomen Kuntaliitto, "Laskelma verotuloihin perustuvasta valtionosuuksien tasauksesta vuonna 2011" より作成。

たり地方税収入額マイナス 3012.47 ユーロ）の 37％分の補助金が減額されたのである。

　図表 3-13 は、基準値を計算上の 1 人当たり地方税収入額が大きく上回った 6 自治体（Helsinki, Espoo,Eurajoki, Harjavalta, Kaskinen,Kauniainen）と、その反対に、基準値を計算上の 1 人当たり地方税収入額が大きく下回った 5 自治体（Ranua, Kärsämäki,Merijärvi,Polvijärvi, Rääkkylä）の合計 11 自治体について、税収格差是正のための自治体間調整を示している。具体例として、計算上の住民 1 人当たり地方税収入額が最大の Kauniainen（Uusimaa Maakunta に所属、6,380 ユーロ）と最小の Merijärvi（Pohjois-Pohjan-maa　Maakunta に所属、1,766 ユーロ）、それに首都の Helsinki（Uusimaa Markunta に所属、4,436 ユーロ）を取り上げてみることにしよう。基準値を計算上の地方税収入額が上回った自治体では超過分の 37％が減額されるため、Kauniainen は 3,367 ユーロ、Helsinki は 1,424 ユーロの超過のために、その 37％である 1,246 ユーロ、527 ユーロがそれぞれ減額されることになった。Kauniainen の人口は 8,545 人なので、これに 1,246 ユーロを乗じた 1,064 万ユーロの補助金が減額され、Helsinki の人口は 57 万 4,564 人なので、これに 527 ユーロを乗じた 3 億 268 万ユーロの補助金が減額されることになったのである。その反対に、Merijärvi は基準値に 1,274 ユーロ不足しているために、1,274 ユーロに人口数（1,187 人）を乗じた 148 万 15 ユーロの補助金が増額されることになったのである。

　2011 年度予算では、以上により補助金が減額になる見込みの自治体数は 62、補助金額が増額となる見込みの自治体数は 258 であった[18]。一般補助金が導入された最初の年度の予算である 2010 年度予算では減額になる見込みの自治体数は 61、増額となる見込みの自治体数は 265 であったから[19]、2011 年度予算では、増額となる自治体が 7 自治体減少した。また、全体の補助金減額分と増額分を比べれば、減額分が増額分を 1,723 万 7,217 ユーロ（2010 年度予算では 2,291 万 1,760 ユーロ）上回ったため、国が資金提供（財源交付）をする必要性は生じなかった。つまり、税収格差是正のた

めの一般補助金（財政力を斟酌した分の一般補助金、2010 年改革以前は税
平衡化補助金）はゼロとなるのである。このような税収格差是正のための自
治体間調整における国の資金提供（財源の負担）について考えれば、一種の
自治体間の水平的財政調整となっていることが把握できるのである。そして、
このような財政力分に関する算定と先の財政需要分の算定とを合わせること
によって、各自治体の最終的な一般補助金額が決定されることになったので
ある[20]。

　なお、教育文化省から支出される職業専門学校や美術館、劇場などの教育
文化サービスに関する補助金と投資的経費に関する補助金については、自治
体間の税収格差是正の対象からはずされている。

（4）富裕自治体の動向

　税収格差是正のための自治体間調整において補助金が減額となった自治
体は、富裕な自治体ということができるだろう。**図表 3-14** では、2011 年
度に税収格差是正のための自治体間調整により一般補助金が減額になっ
た 62 自治体をすべて掲載しているが、人口 1 万人以上の自治体が 49 と
約 8 割を占めていた。また、南部の Maakunta に所属する自治体が約 8 割
と圧倒的な割合を占めていた。つまり、Uusimaa に所属する自治体が 15、
Varsinais-Suomi に所属する自治体が 10、Pirkanmaa に所属する自治体が
7、Itä-Uusimaa に所属する自治体が 3、Kanta-Häme に所属する自治体が
2、Satakunta に所属する自治体が 4、Kymenlaakso に所属する自治体が 3、
Etelä-Karjala に所属する自治体が 3、Päijät-Häme に所属する自治体が 1 と
なっていたのである。

　フィンランドでは人口が増加しているのは主に南部の Maakunta であり、
南部以外の Maakunta に属していて**図表 3-14** に掲げられた自治体には、例
え ば、Jyväskylä（Keski-Suomi）や Kokkola（Keski-Pohjanmaa）、Kuopio
（Pohjois-Savo）、Oulu（Pohjois-Pohjanmaa）、Seinäjoki（Etelä-Pohjanmaa）、

Vaasa（Pohjanmaa）などがあったが、これらの多くはMaakuntaのなかの中心となっている規模の大きな都市であった。その反対に、Kainuuなど失業率が高く、人口減少が急激に進んでいるMaakuntaにおいては、補助金が減額される自治体は皆無だったのである。

　さらに、富裕自治体の地方所得税の税率を調べてみると、全国平均の税率（2009年度、18.59％）を上回ったのは39自治体、下回ったのは23自治体であった。Kauniainenn自治体、Masku自治体、Naantali自治体のように、税率が16.50％と低い自治体があった反面、Siuntio自治体などのように、税率が20％以上の自治体も少なくなかったのである。そこで、富裕自治体だから地方所得税率が低いという判断はできないのである。さらに、各自治体が課す地方所得税の税率における最高と最低の幅が小さいために、自治体財政の貧富の度合いを、地方所得税の税率からみてとるには明確な特徴的な動きを見いだすことは難しかった。今後は、各自治体の地方債の累積高や都市部特有のニーズなど、別の指標の検討が必要だろう。

（5）人口密度が極端に低い、島しょ部に位置しているなど特別な事情を抱えている自治体への配慮

　2010年改革では、上記に加えて、新しく次の措置が取られた。つまり、人口密度が極端に低い過疎自治体と島しょ部自治体（自治体全体が島しょ部の自治体もしくはそのなかに島しょ部を抱えている自治体[21]）の財政需要に対応するために、3,000万ユーロが該当する28自治体に割り当てられたのである。そして、このための財源を捻出するために、フィンランドのすべての自治体において住民1人当たり6ユーロが一般補助金から差し引かれることになったのである[22]。

　図表3-15から判断できるように、これらの自治体のほとんどは、Lappiなど北部のMaakuntaに所属していて、遠隔地で面積がきわめて広く人口が少ない（きわめて人口密度が低い）自治体や、島しょ部であるなどの事情を

図表 3-14 富裕自治体（補助金が減額された自治体）の人口、所属する Maakunta、地方所得税率

(人、%)

自治体	所属 Maakmta	人口	地方所得税率	自治体	所属 Maakmta	人口	地方所得税率	自治体	所属 Maakmta	人口	地方所得税率
Espoo	Uusimaa	241,565	17.5	Kokkola	Keski-Pohjanmaa	45,644	19.75	Pirkkala	Pirkanmaa	16,154	19
Eurajoki	Satakunta	5,871	18	Kotka	Kymenlaakso	54,694	19.5	Porvoo	Itä-Uusimaa	48,227	19.25
Hamina	Kymenlaakso	21,570	20	Kouvola	Kymenlaakso	88,436	19	Raahe	Pohjois-Pohjanmaa	22,571	19.75
Hanko	Uusimaa	9,657	19.25	Kuopio	Pohjois-Savo	95,484	18.75	Raisio	Varsinais-Suomi	24,147	17.5
Harjavalta	Satakunta	7,580	18.75	Kustavi	Varsinais-Suomi	910	19.25	Rauma	Satakunta	39,747	18
Helsinki	Uusimaa	574,564	17.5	Lahti	Päijät-Häme	100,080	19	Riihimäki	Kanta-Häme	28,536	19
Hyvinkää	Uusimaa	44,987	18.5	Lappeenranta	Etelä-Karjala	71,740	18.75	Ruokolahti	Etelä-Karjala	5,730	18
Hämeenlinna	Kanta-Häme	66,106	18	Lempäälä	Pirkanmaa	19,753	19	Salo	Varsinais-Suomi	54,777	18
Imatra	Etelä-Karjala	28,899	18.75	Lieto	Varsinais-Suomi	15,772	18.5	Seinäjoki	Etelä-Pohjanmaa	56,211	19
Inkoo	Uusimaa	5,575	20	Lohja	Uusimaa	39,133	19	Sipoo	Itä-Uusimaa	19,886	18.75
Jyväskylä	Keski-Suomi	128,028	18.5	Loviisa	Itä-Uusimaa	15,694	19.5	Siuntio	Uusimaa	5,871	20.5
Jämsä	Keski-Suomi	23,167	19.5	Länsi-Turunmaa	Varsinais-Suomi	15,405	19.25	Säkylä	Satakunta	4,761	19.5
Järvenpää	Uusimaa	38,288	19	Masku	Varsinais-Suomi	9,383	16.5	Tampere	Pirkanmaa	209,552	18
Kaarina	Varsinais-Suomi	30,347	18	Mustasaari	Pohjanmaa	18,112	19.25	Turku	Varsinais-Suomi	175,582	18
Kangasala	Pirkanmaa	29,282	19.5	Muurame	Keski-Suomi	9,178	19	Tuusula	Uusimaa	36,386	18
Kaskinen	Pohjanmaa	1,478	18.75	Naantali	Varsinais-Suomi	18,391	16.5	Vaasa	Pohjanmaa	58,597	19
Kauniainen	Uusimaa	8,545	16.5	Nokia	Pirkanmaa	30,951	19	Valkeakoski	Pirkanmaa	20,542	18.75
Kempele	Pohjois-Pohjanmaa	15,320	18.5	Nurmijärvi	Uusimaa	39,018	18.75	Vantaa	Uusimaa	195,419	18.5
Kerava	Uusimaa	33,546	18	Oulu	Pohjois-Pohjanmaa	137,061	18	Vihti	Uusimaa	27,628	19.25
Kirkkonummi	Uusimaa	35,981	18.25	Paimio	Varsinais-Suomi	10,145	18.75	Ylöjärvi	Pirkanmaa	29,762	19
Kiitilä	Lappi	6,039	19	Pietarsaari	Pohjanmaa	19,667	19.25				

（注1）人口は 2008 年 12 月 31 日現在の数値。
（注2）地方所得税率は 2009 年度の数値。
［出所］ Suomen Kuntaliitto, "Laskelma verotuloihin perustuvasta valtionosuuksien tasauksesta vuonna 2011" ならびに Tilastokeskus "Suomen tilastollinen vuosikirja 2009", 2009, S.357-365 により作成。

抱えていて自治体合併がきわめて難しい自治体、自治体間協力・連携を行っ
ても国が目標とした1次医療における人口2万人規模に到底達しえないこと

図表3-15　一般補助金の交付に際し特別な配慮を受ける 28 自治体の内容

(人、k㎡、人 /k㎡)

人口密度が極端に低い自治体					島しょ部の自治体				
自治体	所属 Maakunta	人口	面積	人口密度	自治体	所属 Maakunta	人口	面積	人口密度
Muonio	Lappi	2,360	1,903.9	1.2	Enonkoski	Etelä-Savo	1,651	306.1	5.4
Savukoski	Lappi	1,216	6,438.6	0.2	Hailuoto	Pohjois-Pohjanmaa	1,028	196.6	5.2
Enontekiö	Lappi	1,915	7,945.9	0.2	Kemiönsaari	Vasinais-Suomi	7,303	687.1	10.6
Utsjoki	Lappi	1,322	5,144.3	0.3	Kustavi	Vasinais-Suomi	910	166.4	5.5
Inari	Lappi	6,866	15,052.4	0.5	Länsi-Turunmaa	Vasinais-Suomi	15,405	881.9	17.5
Pelkosenniemi	Lappi	1,046	1,836.8	0.6	Maalahti	Pohjanmaa	5,549	521.0	10.7
Kittilä	Lappi	6,039	8,095.0	0.7	Puumala	Etelä-Savo	2,645	794.6	3.3
Salla	Lappi	4,308	5,730.1	0.8	Sulkava	Etelä-Savo	3,033	584.9	5.2
Sodankylä	Lappi	8,872	11,696.4	0.8					
Ranua	Lappi	4,428	3,453.7	1.3					
Posio	Lappi	4,020	3,039.1	1.3					
Kolari	Lappi	3,860	2,558.5	1.5					
Pudasjärvi	Pohjois-Pohjanmaa	9,031	5,638.6	1.6					
Rautavaara	Pohjois-Savo	1,949	1,151.2	1.7					
Suomussalmi	Kainuu	9,435	5,270.8	1.8					
Utajärvi	Pohjois-Pohjanmaa	3,045	1,671.0	1.8					
Lestijärvi	Keski-Pohjanmaa	881	480.7	1.8					
Ristijärvi	Kainuu	1,548	836.3	1.9					
Taivalkoski	Pohjois-Pohjanmaa	4,546	2,438.2	1.9					
Puolanka	Kainuu	3,183	2,461.7	1.3					

（注1）　面積は 2009 年1月1日現在の数値。
（注2）　人口は 2008 年 12 月 31 日現在の数値。
（注3）　島しょ部の自治体のうち Etelä-Savo に属する3自治体は、住民が居住し生活している
　　　　　湖沼上の島をもつ自治体である。
〔出所〕　フィンランド財務省資料 "The system of central government transfers",
　　　　　2010 ならびに Tilastokeskus "Suomen tilastollinen vuosikirja 2009". 2009, S.78-95
　　　　　により作成。

などの事情を抱えている自治体であった。また、これらの自治体のなかには少数民族であるサーミ人が居住する自治体（Lappi Maakunta に属する自治体）があり、サーミ人への政策的な配慮がなされている。

むすびにかえて

　フィンランドの 2010 年の国庫支出金改革は、社会保健省所管の福祉保健医療包括補助金、教育文化省所管の教育文化包括補助金、財務省所管の国庫交付金と税平衡化補助金を、財務省所管の一般補助金に 1 本化したものである。この改革により、フィンランドの国庫支出金は、高校、職業専門学校、高等専門学校などの教育サービスと、美術館や劇場など自治体の一部の文化サービスに関する国庫支出金、開発事業などの投資的補助金、ならびに財務省所管の一般補助金にほぼ大別されることになった。この中で一般補助金は国庫支出金全体の 9 割を占めたのである[23]。

　2010 年改革前の包括補助金や国庫交付金の自治体における自由裁量度が高かったために、2010 年の改革により自治体の支出の自由裁量度が格段に増したわけではなかった。また、包括補助金と一般補助金とでは、自治体に交付する際の算定方法や交付基準が大きく変化したわけではなかった。その意味では、自治体にとっては、2010 年の改革は、使途限定の福祉保健医療国庫支出金と教育文化国庫支出金から福祉保健医療包括補助金と教育文化包括補助金への転換を行った 1993 年の改革のような大改革ということはできないし、実際、自治体の側にそのような認識はなかった。

　しかし、2010 年の改革は、現段階では改革前の仕組みとほとんど変わらなかったけれども、今後、改定や改正が実施されることになるのか、改定や改正が行われるのであれば、どのようなものになるのかを、筆者は注視したい[24]。

　さらに、日本の国庫支出金改革を念頭におきながらフィンランドの改革を
考えれば、興味深い論点が浮かんでくる。日本では一括交付金の議論がこれ
まで行われてきたが、その括り方をどの程度にするのか、そもそも建設土木
事業における箇所づけのもつ意義をどのように考えたらよいのか、一括交付
金の括り方を広げれば広げるほど地方交付税との関係をどのようにするの
か、義務教育費国庫負担金など使途限定の国庫支出金の役割や意義をどのよ
うに考えたらよいのか、縦割り行政を減ずるための省庁改革をどのようにす
るのかなどの課題があった。フィンランドでは、社会保健省と教育文化省が
所管していた国庫支出金を財務省に 1 本化したことと、一般補助金になじま
ないものについては別の形態の補助金（教育文化省の補助金）として存立さ
せていることが大変興味深い。前者については、そもそも縦割り行政が強固
な日本ではフィンランドのようなことが果たしてできるのだろうかという点
に関心がある。また、後者については、フィンランドでは投資的事業への補
助金はもっぱら支出ベースが交付の際に考慮され、いわゆる箇所付けが行わ
れている。職業専門学校や美術館などの教育文化サービスに関する補助金に
ついては、その交付先は自治体だけではなく、自治体連合や民間をふくんで
いる。そして、そのことゆえに特定補助金に近い形態の補助金として存立し
ている。日本では、たとえ地方分権が進んでも、単純な一般財源主義ではこ
とは進まないだろう。フィンランドの国庫支出金は、日本において地方分権
が進んでいくのならば、その際の補助金を考えるときにもヒントを与えてく
れているといえるのではないだろうか。

注

(1) Tilastokeskus "Suomen tilastollinen vuosikirja 2007", 2007（以下 Vuosikirja と略す）, S.340-341. "Vuosikirja 2009", 2009, S.342-343. "Vuosikirja 1998", 1998, S.302-303.

(2) 日本の場合、国税収入額が 45 兆 8,309 億円、地方税が 39 兆 5,585 億円となっており、国税対地方税は 53.7 対 46.3 になっている（2008 年度決算）。

(3) "Vuosikirja 2015", 2015, S.76.

(4) "Vuosikirja 2009", 2009, S.343, "Vuosikirja 2015", 2015, S.76.

(5) フィンランド財務省資料 "Local Self-Government in Finland ― Public services, administration and finance", 2010 を参照。

(6) "Vuosikirja2009",2009,S.342-343,S.347-348. ならびに注（5）のフィンランド財務省資料を参照。

(7) 注（5）のフィンランド財務省資料を参照。

(8) 近年、フィンランドでは福祉保健医療サービス、とくに福祉サービスの民間委託が進み、このため自治体が民間事業所からサービスを購入することが増大している。この点については、横山純一『転機にたつフィンランド福祉国家―高齢者福祉の変化と地方財政調整制度の改革』、第 3 章、第 4 章、同文舘出版、2019 年 1 月を参照。

(9) 注（5）のフィンランド財務省資料を参照。

(10) 注（5）のフィンランド財務省資料を参照。

(11) 注（5）のフィンランド財務省資料を参照。

(12) Matti Heikkila, Mikko Kautto "Welfare in Finland", 2007 を参照。

(13) 高齢者比率については、STAKES "Ikääntyneiden sosiaali-ja terveyspalve-lut2005", S.32 ならびに "Vuosikirja 2006", 2006, S.78-99, "Vuosikirja 2015", 2015, S.442-457 を参照。

(14) 職業専門学校への補助金については、横山純一「93 年、自治体裁量の大きい教育包括補助金制度を創設」日本教育新聞社『週刊教育資料』949 号、2006 年 8 月、14-15 頁を参照。

(15) フィンランド財務省資料 "The system of central government transfers" を参照。

(16) この点については、"Valtion talousarvioesiteys 2009", 2008, S.77 を参照。

(17) 注（15）のフィンランド財務省資料を参照。

(18) 税収格差是正のための自治体間調整（2011 年度予算）に関する Suomen Kuntaliitto "Laskelma verotuloihin perustuvasta valtionosuuksien tasauksesta vuonna 2011" を参照。Ahvenanmaa Maakunta に所属する自治体（自治体数 16）は含まれていない。

(19) 税収格差是正のための自治体間調整（2010 年度予算）に関する Suomen Kuntaliitto "Verotuloihin perustuva valtionosuuksien tasaus vuonna 2010" を参照。Ahvenanmaa Maakunta に所属する自治体（自治体数 16）は含まれていない。

（20）　実際には、これに国の規定にもとづく加算控除分がふくまれるが、別章で論ず
　　　　ることにしたい。
（21）　島しょ部の自治体には、オーランド諸島の自治体（Ahvenanmaa Maakunta に
　　　　所属する自治体）は含まれていない。
（22）　注（15）のフィンランド財務省資料を参照。
（23）　注（5）のフィンランド財務省資料を参照。
（24）　1993 年の国庫支出金改革（包括補助金の創設）の際には、その直後から財政
　　　　力よりも財政需要因子を重視する改革が志向された。また、交付基準の改正が繰
　　　　り返されてきた。例えば、福祉保健医療包括補助金における年齢構成別人口は、
　　　　改革時には 0 〜 6 歳、7 〜 64 歳、65 歳〜 74 歳、75 歳以上の 4 つにわかれてい
　　　　たが、その後、75 歳以上が分割されて 75 〜 84 歳、85 歳以上となった。その意
　　　　味で、2010 年の改革後、数年が経過したときにどのような変化が生じることにな
　　　　るだろうかが注目されたが、本書第 4 章において詳細を述べたように、2012 年と
　　　　2015 年に一般補助金の改定が行われたのである。

第4章　フィンランドにおける
一般補助金制度の動向（2010〜2015）
—2012年、2015年の改定を中心に—

1　一般補助金制度と税収格差是正のための
自治体間調整のしくみの変化

　本章では、2010年の改革から2015年までの一般補助金制度を分析する。一般補助金制度においては2012年と2015年に改定が行われたが、とくに2015年改定は、自治体の財政力を斟酌した算定方法の改定、つまり、自治体間の税収格差是正のための自治体間調整の仕組みに関する改定であり、これが自治体財政に与えた影響が大きかったため、2015年改定を中心に論ずることにしたい。

　2010年の改革後、フィンランドの地方財政調整は、一般補助金を通じて自治体の財政需要と財政力を斟酌して行われている。自治体の財政需要については、年齢別構成人口を中心に、疾病率や人口密度など多様な指標が用いられているが、基礎価格の毎年度の数値の変化があったものの、システムの変更はなかった。

　自治体の財政力の斟酌、つまり、自治体間の税収格差を是正するための自治体間調整については、国の役割は限定的にとどまり、自治体間で一般補助金を増減するしくみがとられている。つまり、まず、各自治体の財政需要を斟酌した算定によって各自治体に配分される一般補助金が暫定的に決められ

る。次に、各自治体の財政力を考慮に入れた算定が行われ、上記のように暫
定的に決められた各自治体の一般補助金額が、財政力の豊かな自治体で減額
され、財政力の弱い自治体で増額されるのである。そして、自治体全体で減
額分の方が増額分よりも多い場合は、国の財政資金提供は必要なく、その反
対に増額分の方が減額分よりも多い場合は、国の財政資金の交付が行われる
のである。

　2010 年度から 2014 年度までの期間においては、いずれの年度において
も自治体全体の拠出額（富裕な自治体から財政力の弱い自治体への拠出額、
つまり、富裕な自治体の補助金減額分）が受取額（財政力の弱い自治体が富
裕な自治体から受け取る額、つまり財政力の弱い自治体の補助金増額分）を
上回っていたため、国からの財政資金提供額はゼロであった。自治体全体
の拠出額から自治体全体の受取額を差し引いた金額は、2010 年度が 2,291
万ユーロ、2011 年度が 1,723 万ユーロ、2012 年度が 3,510 万ユーロ、
2013 年度が 4,775 万ユーロ、2014 年度が 4,956 万ユーロであった。その
金額は明らかに微小であり、例えば 2010 年度の場合、一般補助金総額に占
める割合はわずか 0.3% にすぎなかったのである [1]。

　このような国の財政資金提供の仕組みについては、包括補助金の時の税平
衡化補助金（1993 年度、1994 年度、1995 年度を除く）と根幹部分にお
いて変化はなかった。ただ、包括補助金の時には税平衡化補助金と呼んでい
たものが、2010 年の改革後は一般補助金の一部（一般補助金の中の税収格
差是正分）として取り扱われることになったのである。

　地方財政調整制度の中で、国の財源を自治体間に配分する際に財政力の弱
い自治体に厚く配分するしくみを垂直的財政調整とよんでいる。その意味で
は、フィンランドの一般補助金は垂直的財政調整であるといってよい。ただ
し、富裕な自治体から財政力の弱い自治体への財源移転の仕組み（富裕な自
治体が拠出し、財政力の弱い自治体が受け取る）が取り入れられているため、
やや厳密さを欠いた言い回しになるかもしれないが、本章では、これを一種
の水平的財政調整的な手法と表現しておきたい。

本章では、以下、垂直的財政調整のもとで行われる、このような水平的財政調整的な手法において一般補助金が減額になった自治体を拠出自治体、増額となった自治体を受取自治体と表現する。

2　一般補助金の変化（2010 年度〜 2015 年度）と
　　税収格差是正のための自治体間調整の役割

（1）2010 年度〜 2015 年度の一般補助金の変化

　一般補助金は一般財源であるので、自治体にとって「裁量の余地が大きい特定財源」である包括補助金よりもいっそう使い勝手がよかった。しかし、**図表 4-1** から判断できるように、一般補助金の国負担割合がほぼ毎年減少し、自治体が自己財源で負担しなければならない額（1 人当たり額）が増大して

図表 4-1　一般補助金の国負担割合と自治体が負担する住民 1 人当たり額（全自治体同額）の変化

年度	国負担割合	自治体が自己財源で負担する額（1 人当たり額）
2010 年度	34.08%	2,581.36 ユーロ
2011 年度	34.11%	2,638.32 ユーロ
2012 年度	31.42%	3,001.49 ユーロ
2013 年度	30.96%	3,136.92 ユーロ
2014 年度	29.57%	3,282.60 ユーロ
2015 年度	25.42%	3,520.93 ユーロ

〔出所〕　Suomen Kuntaliitto "Kunnan peruspalvelujen valtionosuus 2011" 2011
　　　　　Suomen Kuntaliitto "Kunnan peruspalvelujen valtionosuus 2012" 2012
　　　　　Suomen Kuntaliitto "Kunnan peruspalvelujen valtionosuus 2013" 2013
　　　　　Suomen Kuntaliitto "Kunnan peruspalvelujen valtionosuus 2014" 2014
　　　　　Suomen Kuntaliitto "Kunnan peruspalvelujen valtionosuus 2015" 2015

いる。とくに 2012 年度と 2015 年度に、その傾向が顕著であった。

　2012 年度の国の負担割合は 2011 年度よりも 2.69 ポイント減少すると
ともに、自治体の自己財源で負担すべき 1 人当たり額が 363.17 ユーロ増加
した。また、2015 年度は 2014 年度よりも国の負担割合が 4.15 ポイント
減少し、自治体が自己財源で負担すべき 1 人当たり額が 238.33 ユーロ増加
した。ただし、2012 年度についてみてみると、一般補助金全体（福祉保健
医療分、教育文化分、一般分）では 2011 年度よりも 2.69 ポイント減少し
たが、福祉保健医療分だけでみれば、2012 年度は 2011 年度に比べて 0.01
ポイント増加した [2]。しかし、北欧諸国の中で最も速いテンポで進むフィ
ンランドの高齢化 [3] を考慮に入れれば、福祉保健医療分についても、実質
的には減少ということができるだろう。

　なお、すでに指摘したとおり、一般補助金の税収格差是正分の金額はきわ
めて小さかった。というよりも、2010 年度から 2014 年度までの期間にお
いては、国が支出した金額がゼロであった。しかし、一般補助金の税収格差
是正分の役割は財政力の弱い自治体や小規模自治体においては、大変重要な
ものであったことが注視されなければならない。そして、国の財政資金提供
がゼロで済んだのは、拠出額が莫大だった大都市の存在があったからであり、
この点も注視されなければならないのである。

（2）自治体間の税収格差是正のための自治体間調整の役割と自治体財政
　　　におけるその比重 [4]

　そこで、自治体間の税収格差是正のための自治体間調整が、どの程度、財
政力の弱い自治体の財政に貢献しているのかについて検討してみよう。

　2010 年度には、326 自治体のうち、一般補助金が増額された自治体（受
取自治体）が 265、減額された自治体（拠出自治体）が 61 であった。（フィ
ンランドの 2009 年 12 月 31 日現在の自治体数は 342 だったが、特例的な
扱いのある Ahvenanmaa Maakunta に属する 16 自治体は含まれていない）。

図表 4-2　税収格差是正分についての受取自治体の一般補助金収入額に占める受取額
　　　　の割合

(2010 年度)

割合	自治体数
30%以上	8
25%以上 30%未満	63
20%以上 25%未満	73
15%以上 20%未満	59
10%以上 15%未満	25
5%以上 10%未満	22
5%未満	15

〔出所〕Suomen Kuntaliitto "Laskelma kuntien valtionosuuksista ja niiden yhteydessä maksettavista eristä vuonna 2010", 2009 より作成。

受取自治体のうち受取額の一般補助金収入額に占める割合が 30％以上の自治体が 8、25％以上 30％未満の自治体が 63、20％以上 25％未満の自治体が 73 あり、受取額の一般補助金収入額に占める割合が 20％以上の自治体数は、受取自治体全体の実に約 55％を占めていた（**図表 4-2**）。30％以上の 8 自治体についてみれば、Polvijärvi 自治体を除くと、いずれも人口が 1,000 人台もしくは 2,000 人台の財政力の弱い小規模自治体であった（**図表 4-3**）。これらの自治体では、とりわけ税収格差是正分の役割が大きかったのである。

　さらに、拠出自治体についてみれば、拠出額の一般補助金収入額に占め

図表 4-3　税収格差是正分についての受取額の一般補助金収入額に占める割合が高い
　　　　上位 8 自治体（30%以上の自治体）の状況

(2010 年度)

自治体名	人口	一般補助金収入額	受取額	受取額の一般補助金収入額に占める割合
Alavieska	2,759 人	8,515,381 ユーロ	2,734,598 ユーロ	32.1%
Lumijoki	1,941 人	5,515,437 ユーロ	1,690,818 ユーロ	30.6%
Merijärvi	1,187 人	4,311,983 ユーロ	1,527,014 ユーロ	35.4%
Polvijärvi	4,843 人	15,029,702 ユーロ	5,009,440 ユーロ	33.3%
Reisjärvi	2,990 人	9,092,612 ユーロ	2,795,223 ユーロ	30.7%
Rääkkylä	2,671 人	9,324,540 ユーロ	2,898,523 ユーロ	31.0%
Soini	2,455 人	8,018,518 ユーロ	2,494,254 ユーロ	31.1%
Tervo	1,750 人	5,454,137 ユーロ	1,679,187 ユーロ	30.7%

（注）　人口は 2008 年 9 月現在。
〔出所〕Suomen Kuntaliitto "Laskelma kuntien valtionosuuksista ja niiden yhteydessä maksettavista eristä vuonna 2010", 2009 より作成。

る割合が、 5 ％未満の自治体が 23、 5 ％以上 10 ％未満の自治体が 8、10 ％以上 20 ％未満の自治体が 17 あり、20 ％未満の自治体が拠出自治体の約 80 ％を占めていた（**図表 4-4**）。しかし、その一方で 300 ％以上が 2 自治体（Espoo、Kauniainen）、100 ％以上 300 ％未満が 2 自治体（Helsinki、Kaskinen）存在した。これらの 4 つの自治体はいずれもきわめて財政

図表 4-4　税収格差是正分についての拠出自治体の一般補助金収入額に占める拠出額の割合

（2010 年度）

割合	自治体数
5％未満	23
5％以上 10％未満	8
10％以上 20％未満	17
20％以上 30％未満	3
30％以上 40％未満	2
40％以上 50％未満	4
50％以上 100％未満	0
100％以上 300％未満	2
300％以上	2

〔出所〕Suomen Kuntaliitto "Laskelma kuntien valtionosuuksista ja niiden yhteydessä maksettavista eristä vuonna 2010", 2009 より作成。

力が豊かな自治体であった。とりわけ、財政規模が大きかった Helsinki 自治体と Espoo 自治体の拠出額が大きく、自治体間の税収格差是正に大きな役割を果たしていた。

3　2012 年の算定方法の改定[5]

　自治体間の税収格差是正のための自治体間調整の方法は、2012 年と 2015 年に改定された。まず、2012 年改定（2012 年 1 月 1 日施行）について、みていこう。

　2012 年改定の内容は、2011 年度まで算定に用いられていた計算上の不動産税収入額を、全自治体において計算上の地方税収入額から除いたことであった。

このような改定により、明らかに、不動産税収入額の多い自治体にとっては歳入面でプラスの効果が働いた。**図表4-5**には、2011年度の税収格差是正のために用いられた2009年度（決算）の1人当たりの計算上の不動産税収入額が、2009年度の1人当たりの計算上の地方税収入額の15%以上を占めた自治体が掲げられている。このような自治体は7自治体存在していたが、計算上の不動産税収入額が除かれたため、7自治体いずれも2011年度に比べて2012年度の受取額が増加したのである。

　具体的に検討しよう。計算上の地方税収入額に占める計算上の不動産税収入額の割合の最高はKustavi自治体で、2011年度の拠出額が4万8,866ユーロであったが、2012年の改定によって拠出から受取に転じ、受取額が37万6,514ユーロとなった。また、Kittilä自治体も2011年度に拠出額が17万6,838ユーロであったが、2012年の改定により、拠出自治体から受取自治体に転じ、受取額が162万6,149ユーロになった。このほかの5自治体

図表4-5　不動産税収入額が自治体の地方税収入額の15%以上の自治体と2012年改定
（ユーロ）

自治体名	計算上の地方税収入（2009年度決算）	計算上の不動産税収入（2009年度決算）	計算上の不動産税収入の計算上の地方税収入に占める割合	2011年度の拠出もしくは受取額（2011年度予算）	2012年度の拠出額もしくは受取額（2012年度予算）
Kustavi	2,873,417	776,460	27.0%	マイナス48,866	376,514
Pelkossenniemi	3,140,556	659,306	20.9%	10,488	345,112
Kolari	11,057,072	2,198,616	19.8%	571,062	1,885,006
Kittilä	18,670,246	3,422,629	18.3%	マイナス176,838	1,626,149
Suomenniemi	2,139,406	336,539	15.7%	273,582	478,527
Yli-li	4,848,742	748,141	15.4%	1,754,592	2,035,096
Puumala	7,417,060	1,113,499	15.0%	550,923	1,019,178

（注1）　マイナスは拠出額。
（注2）　計算上の地方税収入には法人所得税の自治体分を含む。
〔出所〕　Suomen Kuntaliitto "Laskelma verotuloihin perustuvasta valtionosuuksien tasauksesta vuonna 2011"2010.
　　　　Suomen Kuntaliitto "Laskelma verotuloihin perustuvasta valtionosuuksien tasauksesta vuonna 2012"2011 より作成。

は 2011 年度に受取自治体であったが、この改定によりいずれも受取額が増加した。とくに Pelkossenniemi 自治体、Kolari 自治体の受取額が著しく増加したのである。

　なお、2012 年の改定によって、2011 年度に比べて 2012 年度に歳入面でプラスに働いた自治体（受取額の増加、拠出額の減少、拠出自治体から受取自治体への転換）は 103 自治体存在し、マイナスに働いた自治体（受取額の減少、拠出額の増加、受取自治体から拠出自治体への転換）は 217 自治体存在した（2011 年 12 月 31 日現在の自治体数は 336 であったが、Ahvenanmaa Maakunta に所属する 16 自治体を除く）。

4　2015 年の算定方法の改定

（1）2015 年改定の内容 [6]

　2015 年には大きな改定が行われた（2015 年 1 月 1 日施行）。改定内容は次のとおりである。

　まず、原子力発電所など原子力関連施設のある 2 自治体（Eurajoki、Loviisa）についてのみ、2015 年度から計算上の地方税収入額に、計算上の不動産税収入額の半分が計上されることになった。2012 年の改定により除外された計算上の不動産税収入額の一部が、2 自治体に限ってではあるが復活したのである。

　次に、基準値の算定方法が大きく変わったことである。これまでは全自治体の計算上の地方税収入の合計額をフィンランドの全人口数で除した額（計算上の 1 人当たり地方税収入額）に 91.86％を乗じた額が基準値であったが、2015 年度からは、計算上の地方税収入額（1 人当たり）に 100％を乗じた額が基準値となった。つまり、計算上の地方税収入額（1 人当たり）が、そ

のまま基準値となったのである。

　第3は、受取自治体の場合の算定である。2014年度までは、基準値から当該自治体の1人当たりの計算上の地方税収入額を差し引いた金額がプラスの場合、その金額に当該自治体の人口数を乗じたものが当該自治体の受取額であったが、2015年度からは基準値から当該自治体の計算上の地方税収入額（1人当たり）を差し引いた金額がプラスの場合、この金額に80％を乗じて得た金額に、当該自治体の人口数を乗じた金額が当該自治体の受取額となった。

　第4は、拠出自治体の場合の算定である。2014年度までは、当該自治体の計算上の地方税収入額（1人当たり）から基準値を差し引いてプラスになった場合、その金額に37％を乗じて得た金額に当該自治体の人口数を乗じた金額が拠出額となっていた。2015年改定によって、2015年度からは、当該自治体の計算上の地方税収入額（1人当たり）から基準値を差し引いてプラスとなった場合、その金額に「30％に自治体ごとに算定された加算割合を加えたもの」を乗じて得た金額に当該自治体の人口数を乗じた金額が拠出額となったのである。2015年度においては、最も高い加算割合の自治体がKauniainenの8.17％、次がEurajokiの7.44％、3位がEspooの7.42％、4位がHelsinkiの7.02％であった。財政力の高い自治体ほど加算割合が高かった。この中で加算割合の数値が最も低い自治体はLietoの1.93％であった。拠出自治体の平均は5.69％であった。

（2）2015年改定による税収格差是正分の大幅な伸びと一般補助金総額
　　の抑制

　注目されるべきは、2015年改定によって拠出自治体数の大幅な減少と受取自治体数の増加が生じたことである。**図表4-6**をみると、2014年度に比べて2015年度には、拠出自治体数が62から31に半減し、受取自治体数が242から270に増加したことがわかる（フィンランドの2013年12月

第4章　フィンランドにおける一般補助金制度の動向（2010 ～ 2015）
　　　　—2012 年、2015 年の改定を中心に—

31 日現在の自治体数は 320、2014 年 12 月 31 日現在の自治体数は 317 であった。
Ahvenanmaa Maakunta に属する 16 自治体は除く）。2010 年度以降、拠出自治
体数は横ばい、受取自治体数は減少基調で推移していたが、2015 年度はこ
の傾向を大きく変えたのである。これにともない、国が支出する税収格差是
正分の一般補助金は、2010 年度から 2014 年度までゼロが続いていたが、

図表 4-6　拠出自治体数と受取自治体数の推移、税収格差是正分の金額の推移

（ユーロ）

年度	拠出自治体数	受取自治体数	税収格差是正分
2010	61	265	マイナス 22,911,760
2011	62	258	マイナス 17,237,217
2012	63	257	マイナス 35,108,196
2013	62	242	マイナス 47,752,650
2014	62	242	マイナス 49,561,112
2015	31	270	プラス　672,623,415

（注 1 ）Ahvenanmaa Maakunta に所属する自治体は除く。
（注 2 ）税収格差是正分の金額がマイナスの場合は、自治体が拠出する金額のほうが受取る金額
　　　　よりも多いため、国の支出（一般補助金中の税収格差是正分）はゼロとなる。
〔出所〕Suomen Kuntaliitto "Laskelma verotuloihin perustuvasta valtionosuuden tasauksesta
　　　　vuonna 2010"2009
　　　　Suomen Kuntaliitto "Laskelma verotuloihin perustuvasta valtionosuuden tasauksesta
　　　　vuonna 2011"2010
　　　　Suomen Kuntaliitto "Laskelma verotuloihin perustuvasta valtionosuuden tasauksesta
　　　　vuonna 2012"2011
　　　　Suomen Kuntaliitto "Laskelma verotuloihin perustuvasta valtionosuuden tasauksesta
　　　　vuonna 2013"2012
　　　　Suomen Kuntaliitto "Laskelma verotuloihin perustuvasta valtionosuuden tasauksesta
　　　　vuonna 2014"2013
　　　　Suomen Kuntaliitto "Laskelma verotuloihin perustuvasta valtionosuuden tasauksesta
　　　　vuonna 2015"2014.

2015 年度には 6 億 7,262 万 3,415 ユーロ（自治体の拠出額が 5 億 7,636
万 5,587 ユーロ、自治体の受取額が 12 億 4,898 万 9,003 ユーロ）と大幅
な増加となったのである。
　重要なことは次の点である。つまり、2014 年度に比べて 2015 年度には
拠出自治体数が著しく減少するとともに受取自治体数が増加したために、税
収格差是正分の一般補助金が 2015 年度に大幅に増加した。しかし、国が支

82

出する一般補助金の総額は増加していなかったことである。一般補助金総額は、2010年度が77億4,461万ユーロ、2013年度が86億4,187万ユーロ、2014年度が85億9,202万ユーロ、2015年度が84億5,399万ユーロとなっており、2013年度以降は減少基調で推移していたのである[7]。

そして、2014年度に比べて2015年度の一般補助金総額は1億3,800万ユーロほど減少したのである。実際、Ahvenanmaa Maakuntaに属する自治体を除いたフィンランドの全自治体の中で、2014年度に比べて2015年度には、一般補助金収入額が増えた自治体数は77、減少した自治体数は224存在したのである[8]。

このことは、近年、福祉保健医療分、教育文化分の財政需要の伸びが抑制されてきたことと、国の負担割合が減少してきたこと、自治体が自己財源で負担すべき1人当たり額が増加したことによって生じたのである。実際、2014年度に比べて2015年度の財政需要分（福祉保健医療分、教育文化分、一般分の合計）はわずか1.7%しか伸びていなかったのである。つまり、2014年度の財政需要分の合計額は251億5,977万ユーロ、2015年度は256億702万ユーロだったのである[9]。

さらに、一般補助金算定の際の福祉保健医療分における基礎価格を、2007年度から2013年度まで示した**図表4-7**、**図表4-8**を検討してみると、すべての指標について、2007年度〜2010年度の伸び率に比べて2010〜2013年度の伸び率の方が低くなっていることがわかるのである。また、すでにみた**図表4-1**から、国の負担割合が2014年度（29.57%）に比べて2015年度（25.42%）は4.15ポイント減少していることが把握できる[10]。そして、このことは自治体が自己財源で負担すべき1人当たり額が上昇することを意味している。フィンランドでは、1990年代半ばから国庫支出金の抑制が行われてきたが、今日でも抑制基調が続いていることが理解できるのである。

図表 4 － 7　各自治体への一般補助金交付算定の際の福祉保健医療分のうちの福祉分の基礎価格の推移

（ユーロ）

基礎価格 ＼ 年度		2007	2008	2009	2010	2011	2012	2013	2007 年度を 100 としたときの 2010 年度の伸び率	2010 年度を 100 としたときの 2013 年度の伸び率
年齢別構成人口	0 ～ 6 歳の基礎価格	4,916.24	5,931.23	6,080.74	6,249.79	6,359.31	6,915.09	7,122.39	127.1	113.9
	7 ～ 64 歳の基礎価格	240.79	291.63	280.05	291.92	294.55	319.55	330.13	121.2	113.0
	65 ～ 74 歳の基礎価格	652.71	781.55	824.64	847.49	861.73	937.55	988.59	129.8	116.6
	75 ～ 84 歳の基礎価格	3,935.40	4,712.66	4,983.99	5,113.61	5,195.43	5,652.50	5,924.10	129.9	115.8
	85 歳以上の基礎価格	10,965.83	13,129.18	13,865.52	14,041.43	14,266.09	15,521.15	16,263.41	128.0	115.8
失業者数		438.50	525.26	545.75	559.94	568.90	618.95	637.51	127.6	113.8
失業率		40.04	47.91	49.78	51.07	51.89	56.46	58.14	127.5	113.8
障がい者数		11.93	14.28	14.84	15.23	15.47	16.83	17.33	127.6	113.7
保護されている児童数		33.70	40.36	41.93	43.02	43.71	47.56	48.99	127.6	113.8

（注）　障がい者数と保護されている児童数は、2007 年度より新しく加えられた。
[出所]　"Valtion talousarvioesitys 2009", 2008, S. 628, "Valtion talousarvioesitys 2013", 2012, S. 300-305 により作成。

図表 4-8 各自治体への一般補助金交付算定の際の福祉保健医療分のうちの保健医療分の基礎価格の推移

(ユーロ)

基礎価格 \ 年度		2007	2008	2009	2010	2011	2012	2013	2007年度を100としたときの2010年度の伸び率	2010年度を100としたときの2013年度の伸び率
年齢別構成人口	0〜6歳の基礎価格	602.10	721.07	749.19	791.40	826.09	899.20	926.16	131.4	117.0
	7〜64歳の基礎価格	686.35	822.39	854.86	879.92	895.60	976.82	1,006.10	128.2	114.3
	65〜74歳の基礎価格	1,622.79	1,943.12	2,018.90	2,071.39	2,108.30	2,294.20	2,362.97	127.6	114.0
	75〜84歳の基礎価格	3,129.86	3,748.02	3,894.19	3,995.44	4,063.66	4,421.64	4,554.19	127.6	113.9
	85歳以上の基礎価格	5,433.66	6,505.61	6,759.33	6,935.07	7,050.60	7,670.93	7,900.89	127.6	113.9
疾病率		296.75	355.29	369.15	378.75	384.81	418.67	431.22	127.6	113.8

〔出所〕 "Valtion talousarvioesitys 2009", 2008, S. 628, "Valtion talousarvioesitys 2013", 2012, S. 300-305 により作成。

5　2015 年改定と 2015 年改定が自治体に与えた影響 [11]

（1）2015 年改定が歳入面で大きくプラスに働いた自治体の分析

　では、2015 年の改定が自治体に与えた影響はどのようなものだったろうか。

　まず、歳入面で一般補助金のうちの税収格差是正分が大きくプラスに働いた自治体は 67 自治体に及んだ。つまり、拠出自治体のままではあるが拠出額が 2014 年度に比べて 2015 年度に半分以下に減少した自治体、2015 年度に拠出自治体から受取自治体に転じた自治体、受取自治体の中で 2015 年度に 2014 年度の受取額の 2 倍を超過した受取額になった自治体の合計数は 67 あったのである。これとは反対に、拠出自治体で拠出額が 2 倍以上増加した自治体は Eurajoki、受取自治体で受取額が半分以下に減少した自治体は Pyhäjärvi のみであった。受取自治体から拠出自治体に転じた自治体は皆無であった。原子力発電所と核燃料の最終処分場のある Eurajoki 自治体の場合は、2015 年改定で再び不動産税収入額が斟酌されるようになったこと（計算上の地方税収入額に計算上の不動産税収入額の半分が計上されるようになったこと）、Pyhäjärvi 自治体の場合は、2013 年度の国税法人所得税収入額の自治体分の大幅増加によるものであった。

　次に、上記の 67 自治体のうち、拠出自治体から受取自治体に転じた自治体数は 31 であった。2015 年度から基準値と計算上の地方税収入額（1 人当たり）の差がなくなったので、2014 年度までの算定方式では当該自治体の 1 人当たりの計算上の地方税収入額が全国平均に満たなくても、基準値を若干上回っていたために拠出自治体になっていた自治体の場合は、今回の改定で受取自治体になることができたのである。2014 年度の拠出額が大変少

額であった Hollola、Kokkola、Salo などの自治体がこれに該当した。

　第3に、2014 年度、2015 年度ともに拠出自治体であっても、拠出額が半分以下に減少した自治体が 10 自治体存在した。これらの自治体では、2015 年度から基準値と 1 人当たりの計算上の地方税収入額が等しくなったことにより、当該自治体の 1 人当たりの計算上の地方税収入額と基準値の差が小さくなったため、拠出額が減少したケースが少なくなかったのである。

　第4に、2014 年度、2015 年度ともに受取自治体のままの場合で、2015 年度の受取額が 2 倍を超過して増加した自治体は 26 あった。2015 年度から計算上の地方税収入額が基準値と等しくなったため、当該自治体の 1 人当たりの計算上の地方税収入額と基準値の差が拡大したことが有利に働いたケースである。ただし、その一方で、基準値の 8 割しか受けとることができなくなったために、2015 年改定前まで受取額が多額であった自治体の中には受取額が小さくなった自治体も出てきているのである。

　第5に、67 自治体のうち人口が 2 万人以上の自治体が 36 あった。フィンランドでは人口が 2 万人以上の自治体数が全部で 55 存在した（2013 年 12 月 31 日現在）。その約 3 分の 2 に相当する 36 の自治体が 2015 年の改定によって、税収格差是正分については歳入面で大幅なプラスになっていることが把握できるのである。

　第6に、これら 67 自治体では、税収格差是正分の金額が大幅に増加したものの、自治体の一般補助金収入額は伸びていなかったことである。67 自治体のうち、2014 年度に比べて 2015 年度に一般補助金収入額が増加した自治体はわずか 16 自治体にすぎず、51 自治体では減少したのである。この増加した 16 自治体の中では、人口 2 万人以上の自治体が 12 と圧倒的に多かった。また、このうちの 7 自治体が Maakunta の中心都市であった。人口が 1 万人未満の自治体は、Karkkila（2013 年 12 月 31 日現在の人口は 9,074 人）と Pyhäranta（同 2,177 人）の 2 自治体にすぎなかった。。

（2）Maakunta の中心都市と 2015 年改定

　図表 4-9 は Maakunta の中心自治体 19（Ahvenanmaa Maakunta を除く、Itä-Uusimaa が Uusimaa に統合される前に中心自治体であった Porvoo を含む）の 2014 年度と 2015 年度の一般補助金収入額と、一般補助金の税収格差是正分の金額を示したものである。19 自治体のうち 9 自治体において一般補助金の収入額が増加し、10 自治体が減少した。すでにみてきたように、2014 年度に比べて 2015 年度に一般補助金収入額が減少した自治体が多かった。その中で、Maakunta の中心都市においては、増加した自治体が比較的多かったということができるのである。その意味では、2015 年改定は、都市に有利な改定だったということができるのである。
　税収格差是正分の金額については、19 の Maakunta の中心自治体のすべてにおいて歳入面でプラスに働いた。2014 年度に拠出自治体が 14、受取自治体が 5 であったものが、2015 年度には拠出自治体が大幅に減少して 5 に、受取自治体が大幅に増加して 14 となったのである。両年度ともに拠出自治体（5 自治体）の場合、2015 年度の拠出額が 2014 年度の半分以下に減少した自治体が 2 自治体（Turku, Tampere）あった。さらに、両年度ともに受取自治体であったのは 5 自治体だったが、3 自治体（Mikkeli, Jyväskylä, Rovaniemi）においては、2 倍を超過して受取額が増加した。
　そして、一般補助金の収入額が伸びた 9 自治体をみてみると、いずれも一般補助金収入額の伸びを上回って税収格差是正分が伸びている。また、一般補助金収入額が減少した 10 自治体についても、すべての自治体で税収格差是正分の一般補助金収入額が増加した。福祉保健医療分等の財政需要部分が抑制され、さらに、財政需要分の国負担割合が低下しているなかで、税収格差是正分が一般補助金収入額の減少をおしとどめる役割を果たしているということができるのである。

図表 4-9　Maakunta の中心自治体の一般補助金収入額と税収格差是正分の状況

(2014 年度、2015 年度、ユーロ)

自治体名	所属 Maakunta	一般補助金収入額		一般補助金収入額中の税収格差是正分の金額	
		2014 年度	2015 年度	2014 年度	2015 年度
Helsinki	Uusimaa	278,338,256	277,473,412	マイナス　312,171,227	マイナス　249,249,424
Porvoo	Itä-Uusimaa	56,017,610	51,195,409	マイナス　12,983,995	マイナス　8,259,286
Turku	Varsinais-Suomi	241,827,346	228,033,799	マイナス　25,456,846	マイナス　5,041,907
Pori	Satakunta	147,921,824	147,441,144	マイナス　1,736,207	16,356,944
Hämeenlinna	Kanta-Häme	109,983,376	102,179,308	マイナス　4,393,030	3,994,902
Tampere	Pirkanmaa	237,668,831	228,442,164	マイナス　28,679,753	マイナス　4,732,283
Lahti	Päijät-Häme	157,868,112	162,627,497	マイナス　2,905,112	17,447,389
Kotka	Kymenlaakso	98,541,225	101,815,405	マイナス　1,894,444	7,634,987
Lappeenranta	Etelä-karjala	113,064,303	108,236,303	マイナス　2,284,125	8,646,493
Mikkeli	Etelä-Savo	104,857,644	105,775,238	8,410,815	17,819,949
Kuopio	Pohjois-Savo	159,300,855	171,769,290	マイナス　1,514,496	22,409,628
Joensuu	Pohjois-Karjala	132,906,855	134,340,703	21,263,000	33,511,619
Jyväskylä	Keski-Suomi	178,544,127	184,478,868	4,904,901	35,807,632
Seinäjoki	Etelä-Pohjanmaa	85,092,368	88,410,231	マイナス　2,022,542	9,363,830
Vaasa	Pohjanmaa	78,206,630	75,896,490	マイナス　17,978,867	マイナス　9,779,830
Kokkola	Keski-Pohjanmaa	83,496,410	83,031,835	マイナス　43,393	9,610,202
Oulu	Pohjois-Pohjanmaa	252,218,382	268,699,546	マイナス　12,742,350	25,761,732
Kajaani	Kainuu	71,853,337	72,075,716	6,897,111	13,519,835
Rovaniemi	Lappi	101,041,688	98,284,998	7,195,989	18,301,363

(注1)　現在 Itä-Uusimaa は Uusimaa に統合されている。
(注2)　一般補助金収入額中の税収格差是正分の金額のうち、マイナスは自治体の拠出額を示す。
(注3)　一般補助金収入額は、税収格差是正後と国の規定にもとづく加算控除後の最終的な金額である。
(注4)　Ahvenanmaa Markunta を除く。
〔出所〕　Suomen Kuntaliitto "Laskelma kunnan peruspalvelujen valtionosuudesta vuonna 2014"2013, Suomen Kuntaliitto "Laskelma kunnan peruspalvelujen valtionosuudesta vuonna 2015"2014 より作成。

（3）人口 3,000 人未満の小規模自治体と 2015 年改定 [12]

人口 3,000 人未満の小規模自治体は 65 存在したが、このような小規模

自治体について、2014 年度と 2015 年度の一般補助金収入額と一般補助金の税収格差是正分の金額を検討してみよう。一般補助金収入額は、2014 年度に比べて 2015 年度に約 8 割の自治体（51 自治体）で減少している。Maakunta の中心都市に比べれば一般補助金収入額が減少した自治体の割合が高かったということができる。福祉保健医療分や教育文化分等の財政需要部分の抑制と国の負担割合の低下が影響していたのである。ただし、Maakunta の中心的な自治体と比べれば、一般補助金収入額が増加した自治体、減少した自治体のいずれも、その変動幅は大きくなかった。また、税収格差是正分については 48 自治体で増加した。ただし、税収格差是正分についても Maakunta の中心都市と比較すれば伸び率が高くなく、2014 年度に比べて 2015 年度に 2 倍を超えて伸びている自治体は皆無であった。総じていえば、小規模自治体の財政にとって、2015 年改定は厳しいものであったということができるのである。

（4）税収格差是正分が大きく減少した 2 自治体—Eurajoki 自治体と Pyhäjärvi 自治体

　図表 4-10 では税収格差是正分が大きく減少した 2 自治体を掲載した。原子力発電所と核燃料の最終処分場を有する自治体である Eurajoki は、2015 年の改定で計算上の地方税収入額に再び不動産税収入額がカウントされたことや、法人所得税の自治体分の収入額が大きく伸長したことにより、2014 年度に比べて 2015 年度には拠出額が約 3 倍に増加した（2014 年度が 125 万ユーロ、2015 年度が 376 万ユーロ）。また、Pyhäjärvi 自治体は法人所得税の自治体分の収入額が大幅に伸びたことにより、受取額が大幅に減少した。

図表 4-10 税収格差是正分が 2015 年度に大きく減少した 2 自治体の税収格差是正のしくみ

(ユーロ)

自治体	自治体の所属する Maakunta	年度	人口 (人)	計算上の地方所得税収 (ユーロ)	法人所得税の自治体分 (ユーロ)	計算上の不動産税収 (ユーロ)	計算上の地方税収		基準値との差 (ユーロ)	1人当たり税収格差是正正分の金額 (ユーロ)	税収格差是正正分の金額 (ユーロ)
							計算上の地方税収入額 (ユーロ)	1人当たり額 (ユーロ)			
Eurajoki	Satakunta	2014	5,844	19,663,710	1,984,718	0	21,648,428	3,704	マイナス 581	マイナス 215	マイナス 1,256,793
		2015	5,922	20,008,723	4,482,991	6,385,325	30,877,039	5,214	マイナス 1,698	マイナス 636	マイナス 3,764,643
Pyhäjärvi	Pohjois-Pohjanmaa	2014	5,887	13,695,396	4,066,972	0	17,762,368	3,017	106	106	623,616
		2015	5,849	14,174,670	6,341,410	0	20,516,079	3,508	8	7	38,736

(注1) マイナスは自治体の拠出を示す。
(注2) 人口は 2014 年度が 2011 年 12 月 31 日現在、2015 年度が 2012 年 12 月 31 日現在の数値。
(注3) 計算上の地方所得税収、計算上の不動産税収、計算上の地方税収はいずれも、2014 年度が 2012 年度の、2015 年度が 2013 年度決算にもとづく。
(注4) 2014 年度の基準値は 3,123 ユーロで、基準値を計算する際に全国平均の 1 人当たりの計算上の地方税収入額 (3,400 ユーロ) に同額である。2015 年度の基準値は 3,515 ユーロで全国平均の 1 人当たりの計算上の地方税収入額 (3,515 ユーロ) と同額である。2014 年度の基準値は 91.86% である。
(注5) 1 人当たりの税収格差是正正分の金額は、2014 年度は基準値を上回る自治体が拠出する 1 人当たり額は基準値との差額に 37% を乗じた額である。2015 年度は基準値を上回る自治体の 1 人当たりの差額に基準値との差額に「30% と自治体ごとに算定された加算割合を加えたもの」を乗じた額である。
(注6) 1 人当たりの税収格差是正正分の金額を出す際に、2014 年度は基準値を下回る自治体が受け取る 1 人当たり額は基準値との差額の 80% を乗じた額である。2015 年度は基準値を下回る自治体の 1 人当たりの受取額は基準値との差額に 80% を乗じた額である。
[出所] Suomen Kuntaliitto "Laskelma verotuloihin perustuvasta valtionosuuden tasauksesta vuonna 2014" 2013. Suomen Kuntaliitto "Laskelma verotuloihin perustuvasta valtionosuuden tasauksesta vuonna 2015" 2014 より作成。

　（5）Pohjois-Savo　Maakunta の全自治体と 2015 年改定

　図表 4-11 により、Pohjois-Savo Maakunta に属するすべての自治体にお
ける 2015 年改定の影響をみてみよう。

　2015 年に Pohjois-Savo　Maakunta の中心都市である Kuopio 自治体が
Maaninka 自治体と合併したために、Pohjois-Savo Maakunta の自治体数
（2015 年）は 19 であった。2014 年度に比べて 2015 年度に一般補助金収
入額が増加した自治体は 8 で、減少した自治体が 11 であった。人口が 2 万
人以上の自治体は 4 つ存在し、このうちの 3 自治体で一般補助金収入額が
増加した。他方、人口 4,000 人未満の自治体（自治体数 8）では、わずか
1 自治体（Rautalampi）しか一般補助金収入額が増加しなかった。

　これに対して税収格差是正分の金額は 15 自治体において増加した。この
うち税収格差是正分が著しく伸びた自治体は、Iisalmi、Kuopio、Siilinjärvi、
Varkaus の 4 自治体であった。これら 4 自治体は、人口 10 万人を超過して
いる Kuopio をはじめとして、いずれも人口が 2 万人以上の自治体であった。
その一方で、人口の少ない自治体では、税収格差是正分の金額が伸長しな
かった。4,000 人未満の自治体（自治体数 8）の中で、2014 年度に比べて
2015 年度に増加した自治体は半数の 4 自治体にすぎなかったのである。

　そして、Pohjois-Savo　Maakunta の全自治体のうち、一般補助金収入の
増加額を税収格差是正分の増加額が上回った自治体が多かった。一般補助金
収入額が 2014 年度よりも 2015 年度に増加した 8 自治体のうち 6 自治体に
おいて、その増加分を税収格差是正分が上回っていたのである。このことに
より、福祉保健医療分や教育文化分等の財政需要分の抑制、国の負担割合の
減少のなかで、税収格差是正分だけが大きく伸びていることが把握できるの
である。

図表 4-11　Pohjois-Savo Maakunta に所属する全自治体の一般補助金収入額と税収
　　　　　格差是正分の金額の状況

（2014 年度、2015 年度、人、ユーロ）

自治体名	人口	一般補助金収入額		一般補助金収入額中の 税収格差是正分の金額	
		2014 年度	2015 年度	2014 年度	2015 年度
Iisalmi	22,171	46,015,187	47,196,958	5,579,554	9,044,367
Juankoski	4,995	14,554,830	15,138,122	3,259,536	3,989,514
Kaavi	3,261	13,793,537	13,204,374	3,433,990	3,270,410
Keitele	2,427	8,278,740	7,864,635	1,705,363	1,732,305
Kiuruvesi	8,866	31,182,235	31,187,532	7,662,338	8,341,647
Kuopio	110,113	159,300,855	171,769,290	マイナス 1,514,496	22,409,628
Lapinlahti	10,176	31,522,525	30,796,324	7,726,721	7,942,322
Leppävirta	10,170	26,556,229	26,495,056	4,011,235	5,525,679
Maaninka	3,826	10,722,621	合　併	2,444,208	合　併
Pielavesi	4,824	19,140,215	19,195,509	4,716,843	4,815,745
Rautalampi	3,426	12,820,416	12,935,331	3,091,249	3,136,176
Rautavaara	1,784	8,990,546	8,583,499	1,490,734	1,379,357
Siilinjärvi	21,567	30,542,269	29,282,536	410,670	3,424,297
Sonkajärvi	4,454	14,811,491	15,026,733	3,514,243	3,663,976
Suonenjoki	7,456	23,901,545	23,630,292	4,666,421	5,082,851
Tervo	1,669	6,878,529	6,634,159	1,740,139	1,780,174
Tuusniemi	2,802	10,194,467	9,712,750	2,561,345	2,575,026
Varkaus	22,107	48,569,154	49,933,849	3,987,992	8,163,856
Vesanto	2,288	10,508,843	10,356,825	2,583,464	2,444,783
Vieremä	3,874	11,092,826	10,740,084	2,530,940	2,486,099

（注1）　人口は 2013 年 12 月 31 日現在。Maaninka のみ 2012 年 12 月 31 日現在。
（注2）　マイナスは自治体の拠出を示す。
（注3）　一般補助金収入額は、税収格差是正後と国の規定にもとづく加算控除後の最終的な金額である。
〔出所〕　Suomen Kuntaliitto "Laskelma kunnan peruspalvelujen valtionosuudesta vuonna 2014"
　　　　2013, Suomen Kuntaliitto "Laskelma kunnan peruspalvelujen valtionosuudesta vuonna
　　　　2015"2014 より作成。

（6）都市財政需要の高まりと 2015 年改定

　すでにみてきたとおり、2015 年度には一般補助金の財政需要部分（福祉
保健医療分、教育文化分）の抑制が継続される一方で、国の負担割合が大幅
に引き下げられた。一般補助金において、このような財政需要分の減額分を
税収格差是正分の増加で対応しているのが 2015 年改定であるということが
できる。税収格差是正分の金額が約 6 億 7,000 万ユーロ増加しているにも
かかわらず国が支出する一般補助金の総額が減少していることからも、この
点が理解できるのである。そして、都市自治体の税収格差是正分の大幅な増
額がみられる一方で、過疎地域の小規模自治体の税収格差是正分は、低い伸
び率にとどまったか、もしくは減少したのである。
　税収格差是正分が大幅に伸びている自治体の多くは、人口が 2 万人以上の
自治体や、Maakunta の中心的な自治体であった。これらの自治体において
も一般補助金の収入額が減少しているケースが少なくなかったけれども、人
口の少ない自治体と比較すれば一般補助金収入額が増えている自治体の割合
が高かった。そこで、2015 年改定は、すべての自治体に緊縮財政を求める
点では、以前と変わらなかったけれども、都市の財政需要には一定程度こた
えるものになっていたと位置づけることができるだろう。
　近年、フィンランドでは自治体合併が進んだ。自治体合併には小規模自治
体同士の合併、都市と周辺自治体の合併など多様な形態が存在したが、自治
体合併の中心となるのは圏域の中心自治体（都市）であるケースが多かった。
また、自治体連合の拡大や自治体間連携の拡大が進んだが、この場合も、圏
域の中心自治体（都市）の役割が大きかった。2015 年の改定は、国の一般
補助金総額の抑制の中で、このような都市の財政需要に一定程度こたえよう
とするものであったということができるのである。

むすびにかえて

　2015 年の改定は、2010 年改革後、一般補助金の自治体への交付にあたって自治体の財政力を斟酌する算定方法、つまり、自治体間の税収格差是正のための自治体間調整の仕組みの中で最も大きな改革であった。これまで金額がゼロで推移していた一般補助金のなかの税収格差是正分の金額が、2015 年改定が行われた結果、一挙に 6 億 7,000 万ユーロになったのである。算定方法の改定により、一般補助金の減額自治体（拠出自治体）から増額自治体（受取自治体）に転じた自治体や、拠出額が大幅に減少した拠出自治体、受取額が大幅に増加した受取自治体が多数生まれた。その反対に、不動産税収入額が多額な一部自治体について不動産税をカウントするしくみが再び導入されたために、これらの自治体では拠出額が増えた。

　近年、フィンランドでは一般補助金の財政需要分（福祉保健医療分、教育文化分、一般分）が抑制基調で推移するとともに、国の負担割合が縮小してきた。2015 年の改定は、自治体合併や自治体連合、自治体間の連携の拡大等で、圏域の中心となる自治体の役割が大きくなってきたために、一般補助金の抑制基調が続くなかで、一定程度、都市の財政需要にこたえようとしたものと位置づけることができるのである。このために 2015 年改定を行うことによって、一般補助金の税収格差是正分を大幅に増額させたものということができる。これらの都市自治体のなかには、2015 年の改定前までは拠出自治体が多かった。2015 年の改定は、この点を一定程度修正しようとしたとみることができるであろう。その一方で、小規模自治体の財政には、2015 年改定は厳しかったということができるだろう。

　フィンランドの国財政状況は決して良好とはいえない。また、フィンランドでは高齢化が北欧諸国の中で最も速いテンポですすんでいる。そのような

なかで、将来の福祉保健医療をどのように展望するのかをめぐる議論が、自治体合併や自治体連合、自治体間の連携の拡大などの自治体再編の論議との密接な関連のもとで、この 10 数年間盛んに行われてきた。今後、圏域の中心となる自治体の役割はいっそう大きくなると予測される。

　さらに、フィンランドでは、現在、社会保障、教育文化、地方財政調整という、福祉国家の根幹に大きな役割を果たしている一般補助金が削減の方向で推移しているという問題がある。フィンランドでは 1990 年代後半以降、福祉の民営化（主に民間委託化）が急速に進行し、国民への福祉サービスの提供も抑制基調で推移している。2015 年の改定にとどまらず、今後のフィンランドの一般補助金の動向や、福祉保健医療政策と教育・文化政策の動向について注視していく必要があるのである。

注
(1) 自治体間の税収格差是正のための自治体間調整については、Suomen Kuntaliitto "Laskelma verotuloihin perustuvasta valtionosuuksien tasauksesta vuonna 2010"（以下、年度に関係なくすべて Valtionosuudet ①と略す）, 2009、"Valtionosuudet ① 2011", 2010, "Valtionosuudet ① 2012", 2011, "Valtionosuudet ① 2013", 2012, "Valtionosuudet ① 2014", 2013 を参照。
(2) Suomen Kuntaliitto "Kunnan peruspalvelujen valtionosuus 2012", 2011。
(3) "Nordic statistical yearbook 2007", 2007, S.81。
(4) Suomen Kuntaliitto "Laskelma kuntien valtionosuuksista ja niiden yhteydessä maksettavista eristä vuonna 2010", 2009 を参照。
(5) 2012 年の改定については "Valtionosuudet ① 2012", 2011 を参照。
(6) 2015 年の改定については "Valtionosuudet ① 2015", 2014 を参照。
(7) Suomen Kuntaliitto "Laskelma kunnan peruspalvelujen valtionosuudesta vuonna 2010"（以下 Valtionosuudet ② と略す）2009, "Valtionosuudet ② 2011", 2010, "Valtionosuudet ② 2012", 2011, "Valtionosuudet ② 2013", 2012, "Valtionosuudet ② 2014", 2013, "Valtionosuudet ② 2015", 2014 を参照。
(8) "Valtionosuudet ② 2014", 2013, "Valtionosuudet ② 2015", 2014 を参照。
(9) Valtionosuudet ② 2014", 2013, "Valtionosuudet ② 2015", 2014 を参照。
(10) 各自治体の一般補助金収入額は、各自治体の財政需要分（福祉保健医療分等）の金額、国の負担割合と自治体が自己財源で負担すべき金額、税収格差是正の金額によって決定される。ただし、実際には、これ以外に一般補助金に関する国の規定にもとづく加算と控除のしくみもあるのだが、金額的には多額でないため本章では省略した。例えば、人口が 3,667 人（2013 年 12 月 31 日現在）の Heinävesi 自治体(Etelä-Savo Maakunta に所属)の場合、財政需要分の金額が 2,264 万 9,394 ユーロで、自治体が自己財源で負担すべき金額（3,520.93 ユーロに 3,667 人を乗じた金額）は 1,291 万 1,250 ユーロ、国の負担する金額は 973 万 8,143 ユーロであった。この 973 万 8,143 ユーロに、規定にもとづく加算と控除を行ったうえで税収格差是正分の金額である 260 万 318 ユーロを加えた金額（1,386 万 7,041 ユーロ）が、Heinävesi 自治体が最終的に受けとる 2015 年度の一般補助金額であった。この点については、"Valtionosuudet ② 2014", 2013, "Valtionosuudet ② 2015", 2014 を参照。
(11) "Valtionosuudet ① 2014", 2013, "Valtionosuudet ① 2015", 2014, "Valtionosuudet ② 2014", 2013, "Valtionosuudet ② 2015", 2014 を参照。
(12) "Valtionosuudet ② 2014", 2013, "Valtionosuudet ② 2015", 2014.

第5章　フィンランド一般補助金制度の動向（2015－2019）
－ 地方財政調整に焦点をあてて

はじめに

　地方財政調整制度は自治体間の財政力格差を何らかの形で是正する制度
で、ほぼすべての発達した産業国家において確立している。特定財源の中に
地方財政調整機能を加味したところから始まった国が多いが、やがて一般財
源を自治体の財政力に反比例する形で交付する本格的な地方財政調整制度が
つくられるようになった。ドイツと日本では、時期は異なるけれども、とも
に義務教育費国庫支出金（義務教育費国庫負担金）の中に地方財政調整機能
が加味されたことからスタートしたが、やがて一般財源が財政力の弱い自治
体に厚く配分されるようになった [1]。三好重夫らの内務官僚の努力でつく
られた地方分与税制度を前身にもつ地方交付税制度は、地方財政調整制度の
日本版であるということができる。

　フィンランドでは、1993年の包括補助金制度の創設まで使途が厳しく限
定された特定補助金の中で地方財政調整が行われていた。そして、「自治体
の裁量の余地が大きい特定財源」ということができる包括補助金による地方
財政調整の時期を経て、2010年に一般補助金制度が創設され、一般財源が
自治体に地方財政調整的に交付される仕組みができあがったのである。筆者
はすでに、2010年度から2015年度までの一般補助金制度について考察し
たが、とくに、大幅な改定（2015年改定）が行われた2015年度について

力点をおいた分析を行った。そこで、これを踏まえ、本章では、主に 2015 年度から 2019 年度までの一般補助金制度の動向について検討することとした。そして、その検討を踏まえながら、改定からほぼ 7 年が経過した 2015 年改定の意義について、あらためて問い直すことにしたい。

1　一般補助金制度と自治体

（1）　自治体への交付方法

　一般補助金は、自治体の財政需要と財政力を斟酌して国から自治体に交付される。実際は、自治体の財政需要と財政力のほかに、国の規定にもとづく加算・控除も自治体の交付額の決定に関係するが、一部の大都市や一部の特徴ある自治体を除けば多くの自治体において加算・控除額が少ないため、一般補助金の自治体への交付を決めるのは基本的には財政需要と財政力だといってよいだろう。そして、このような財政需要因子と財政力因子を用いた地方財政調整の仕組みは、日本の地方交付税制度と共通しているということができるだろう。

　一般補助金総額に占める財政需要分、財政力分（自治体間の税収格差是正分、以下、財政力分もしくは税収格差是正分とする）、国の規定にもとづく加算・控除分の割合は、**図表 5-1** の通りである。2019 年度予算の一般補助金総額は 86 億 1,800 万ユーロで、このうち、財政需要分が 80.1％、税収格差是正分が 8.7％、加算・控除分が 9.4％であった。財政需要分の中では圧倒的に年齢構成別人口の割合が高く、財政需要分全体の約 3 分の 2 を占め、自治体への一般補助金の交付額を規定する最重要な要素になっているのである。

図表 5-1　一般補助金総額に占める財政需要分、税収格差是正分、国の規定にもとづく
　　　　　加算・控除分の内訳

（2019 年度予算）

一般補助金総額　86 億 1,800 万ユーロ		
財政需要	年齢構成別人口	45 億 4,700 万ユーロ（52.8%）
	疾病率	16 億 2,500 万ユーロ（18.9%）
	失業者、スウェーデン語、バイリンガル、島しょ部、人口密度など	3 億 9,800 万ユーロ（4.6%）
	遠隔地、サーミ人への対応など	3 億 2,900 万ユーロ（3.8%）
税収格差是正		7 億 5,100 万ユーロ（8.7%）
国の規定にもとづく加算・控除		8 億 800 万ユーロ（9.4%）
他		1 億 6,000 万ユーロ（1.8%）

〔出所〕Suomen Kuntaliitto "Suurin osa kuntien valtionosuudesta perustuu kunnan ikärakenteeseen ja sairastavuuteen", 2019.

（2）　2015 年改定と財政力を斟酌する交付分（税収格差是正分）の重視

　一般補助金がスタートした 2010 年度から 2019 年度までの一般補助金の総額をみてみよう（**図表 5-2**）。2010 年度から 2012 年度にかけては増加額と増加率が高く、増加額は 7 億 4,000 万ユーロ、増加率は 9.5％だった。それ以後は 2016 年度を除けばほぼ横ばいとなり、総額は 84 億ユーロ台から 86 億ユーロ台の間で推移している。

　すでに第 4 章で述べたように、2010 年度から 2014 年度までは税収格差是正分の金額が計上されていなかった。2015 年度にはじめて税収格差是正分の金額（6 億 7,262 万ユーロ）が計上され、以後 2017 年度が 7 億 1,544 万ユーロ、2018 年度が 7 億 3,785 万ユーロ、2019 年度が 7 億 4,852 万ユーロと、その金額が少しずつ増加している。

　2010 年度から 2014 年度まで税収格差是正分の金額が計上されなかったのは、税収格差是正分の算定の仕組みとの関係で、国が一般補助金を自治体に交付する必要がなかったからである。第 4 章で述べたように、2015 年度に税収格差是正分に関する算定方法の大幅な変更が行われ（2015 年改定）、

この改定によって財政力分が重視されるようになったために、2015年度から税収格差是正分の金額が計上されるようになったのである。

図表 5-2　一般補助金額の推移、税収格差是正分の金額の推移、拠出自治体数と受取自治体数の推移

（各年度予算）

年　度	金　額	うち税収格差是正分の金額	拠出自治体数	受取自治体数
2010	77億6,226万ユーロ	マイナス　2,291万ユーロ	61	265
2011	80億5,170万ユーロ	マイナス　1,723万ユーロ	62	258
2012	85億　382万ユーロ	マイナス　3,510万ユーロ	63	257
2013	86億5,198万ユーロ	マイナス　4,775万ユーロ	62	242
2014	85億9,202万ユーロ	マイナス　4,956万ユーロ	62	242
2015	84億5,399万ユーロ	プラス　　6億7,262万ユーロ	31	270
2016	87億2,576万ユーロ	プラス　　6億8,465万ユーロ	33	268
2017	85億6,885万ユーロ	プラス　　7億1,544万ユーロ	30	267
2018	85億4,308万ユーロ	プラス　　7億3,785万ユーロ	30	265
2019	86億8,751万ユーロ	プラス　　7億4,852万ユーロ	29	266

（注1）自治体数では Ahvenanmaa Maakunta に所属する自治体数はのぞく。
（注2）税収格差是正分の金額がマイナスの場合は、自治体が拠出する金額のほうが受取る金額よりも多いため、国の支出額（一般補助金額中の税収格差是正分の金額）はゼロとなる。プラスの場合は自治体が受取る一般補助金額中の税収格差是正分の金額である。
〔出所〕Suomen Kuntaliitto "Laskelma kunnan peruspalvelujen valtionosuudesta vuonna 2018", 2017 をはじめ、同文献の各年度版。Suomen Kuntaliitto "Laskelma verotuloihin perustuvasta valtionosuuden tasauksesta vuonna 2018", 2017 をはじめ、同文献の各年度版。

2　財政需要分の算定

（1）　財政需要費目と基礎価格

　図表 5-3 には、各自治体への一般補助金の交付額を算定する際に用いられる、ほぼすべての財政需要費目とその基礎価格が掲げられている。財政需

要費目は、年齢構成別人口や疾病率など自治体が最も多く支出する福祉保健医療の分野と教育文化の分野を中心に構成されているが、スウェーデン語を公用語とする住民が多い自治体の財政需要や、島しょ部や過疎地域の自治体が必要とする財政需要、少数民族であるサーミ人が居住する自治体の財政需要等の地域性が考慮に入れられている。

　総じていえることは、2015 年度から 2019 年度までの期間において、基礎価格がほとんど伸長しなかったことである。つまり、財政需要分の大半を占める年齢構成別人口について、2015 年度の基礎価格と 2019 年度の基礎価格を比較してみると、義務教育学校就学前の児童（0 〜 5 歳、6 歳）と高

図表 5-3　各自治体への一般補助金交付算定（財政需要分）の際の基礎価格の推移

（各年度予算、ユーロ）

年　　度	2015	2016	2017	2018	2019	2015 〜 2019 の増減
財政需要分に関する国負担割合	25.44%	25.61%	25.23%	25.34%	25.37%	マイナス　0.07%
自治体が自己財源で負担する額（1 人当たり額）	3,520.93 ユーロ	3,636.07 ユーロ	3,627.38 ユーロ	3,600.27 ユーロ	3,524.51 ユーロ	3.58 ユーロ
年齢構成別人口						
0 〜 5 歳	8,483.82	8,635.58	8,399.03	8,333.60	8,172.53	マイナス　311.29
6 歳	8,947.47	9,156.28	8,904.17	8,842.70	8,677.28	マイナス　270.19
7 〜 12 歳	7,269.02	7,513.12	7,459.07	7,410.99	7,277.45	8.43
13 〜 15 歳		12,895.47	12,805.09	12,728.20	12,502.93	24.34
16 〜 18 歳	3,981.85	4,114.97	4,081.91	4,077.09	3,996.54	14.69
19 〜 64 歳	1,033.38	1,059.42	1,050.87	1,026.13	993.60	マイナス　39.78
65 〜 74 歳	2,122.03	2,175.69	2,133.01	2,063.77	1,983.50	マイナス　138.53
75 〜 84 歳	5,715.25	5,880.45	5,776.40	5,656.61	5,481.33	マイナス　233.92
85 歳以上		19,708.33	19,435.73	19,223.19	18,771.79	マイナス　344.94
疾　病　率	1,125.29	1,162.55	1,159.26	1,154.53	1,133.37	8.08
失　業　者	87.44	90.34	90.09	89.72	88.08	0.64
スウェーデン語	1,893.80	1,956.49	1,950.94	1,942.98	1,907.38	13.58
バイリンガル	269.61	278.54	277.75	276.62	271.55	1.94
島しょ部	371.08	383.37	382.29	380.73	373.75	2.67
人口密度	38.10	39.36	39.24	39.08	38.36	0.26
遠　隔　地	207.12	208.16	206.70	207.94	210.64	3.52
サーミ人への対応	2,630.69	2,643.84	2,625.33	2,641.08	2,675.41	44.72
旧一般交付金分など	62.86	63.17	62.73	63.11	63.93	1.07

（注）2016 年度については 2016 年 9 月 26 日に数値の改定が行われた。
〔出所〕Suomen Kuntaliitto "Kunnan peruspalvelujen valtionosuuden perushinnat", 2019.

齢者（65 歳以上）の基礎価格の減少が目立っている。ちょうど、この年齢
層は自治体における児童福祉（保育）と教育（就学前教育、6 歳児）、高齢
者福祉（在宅福祉、施設福祉）や高齢者医療の経費支出が多い年齢層にあた
るが、そこが減少しているのである。

　さらに、財政需要費目は、基本財政需要費目と付加的財政需要費目に分か
れている。年齢構成別人口、疾病率、失業者、スウェーデン語、人口密度等
は基本財政需要費目、遠隔地やサーミ人への対応等は付加的財政需要費目で
ある。自治体の財政需要分を算定する際、基本財政需要費目と付加的財政需
要費目とでは計算の仕方が異なるが、詳しくは、のちの Utsjoki 自治体の事
例を検討しながら述べることにしよう。

（2）　推計コストにもとづく各自治体の基本財政需要額の算定

　財政需要額の算定については、推計コスト積み上げ方式が採用されている。
その際に、基本財政需要費目についてのみ推計コスト算定が行われ、付加的
財政需要費目は推計コスト積み上げ方式による算定は行われていない。基本
財政需要額の算定についてみてみよう。

　まず、各自治体の年齢構成別人口数に年齢構成ごとに算定された基礎価格
（1 人当たり額）を乗じたものを基本に、失業者、疾病率などの基本財政需
要費目が加わって、各自治体の基本財政需要額が算定される。

　次に、基本財政需要額に関する推計コスト積み上げ額から自治体が自らの
財源で負担すべき金額が差し引かれる。そして、このようにして得られた金
額が、国から各自治体への移転金額、つまり基本財政需要分の一般補助金の
額（基本財政需要分に関する国負担分の金額）となる。自治体が自己財源で
負担すべき金額は、自治体の区別なくどこの自治体においても住民 1 人当た
り同額となっているが、その金額は各年度の福祉保健医療費、教育文化費等
の経費費目についての、国と自治体との間の支出の責任割合（推計コストに
対する国と自治体の負担割合）にもとづいて計算される。

図表 5-4　基本財政需要分についての国負担割合と自治体が自己財源で負担すべき住民
　　　　　１人当たり額（全自治体同額）の変化

年　　度	基本財政需要分に関する国負担割合	自治体が自己財源で負担する額 （１人当たり額）
2010	34.08％	2,581.36 ユーロ
2011	34.11％	2,638.32 ユーロ
2012	31.42％	3,001.49 ユーロ
2013	30.96％	3,136.92 ユーロ
2014	29.57％	3,282.60 ユーロ
2015	25.44％	3,520.93 ユーロ
2016	25.61％	3,636.07 ユーロ
2017	25.23％	3,627.38 ユーロ
2018	25.34％	3,600.27 ユーロ
2019	25.37％	3,524.51 ユーロ

（注）2016 年度は 2016 年 9 月 26 日に行われた数値改定後のもの。
〔出所〕2014 年度までは、Suomen Kuntaliitto "Laskelma kunnan peruspalvelujen valtionosuudes
　ta 2014",2013 をはじめ同文献の各年度版、2015 年度からは Suomen Kuntaliitto "Kunnan
　peruspalvelujen valtionosuuden perushinnat", 2019。ただし、2018 年度の自治体が自己財源
　で負担すべき額（１人当たり額）は同文献では 3,599.08 ユーロだったが、Suomen Kuntaliitto
　"Kunnan valtionosuusprosentti2018", 2018 を用いて 3,600.27 ユーロとした。

　基本財政需要分に関する国負担割合（平均）は 2010 年度と 2011 年度が
34％台だったが、2015 年改定が行われた 2015 年度には 25.44％となり、
急速に割合を下げた（**図表 5-4**）。そして、2015 年度以降は横ばいで、継続
して 25％台で推移している。このため、自治体が自己財源で負担すべき額（１
人当たり）が増加している。2010 年度が 2,581 ユーロ、2011 年度が 2,638
ユーロだったが、2015 年度が大幅に増加して 3,520 ユーロ、2016 年度が
3,636 ユーロとなった。2017 年度以後も 3,500 ユーロ台もしくは 3,600 ユー
ロ台で推移している。

　なお、2018 年度の基本財政需要分に関する国負担割合は 25.34％であっ
たが、この数値は全自治体の平均値である。**図表 5-5** から判断できるように、
国負担割合が高い自治体と低い自治体があり、高い自治体では国負担割合が
40％台になっている。とくに高い自治体は、Ristijärvi 自治体と Rautavaara
自治体、Salla 自治体で、いずれも国負担割合が 45％以上である。この３自

図表 5-5　基本財政需要分についての国負担割合が多い自治体と少ない自治体

(2018 年度予算、ユーロ)

| | 自治体名（所属 Maakunta） | 人口 | 自治体基本財政需要 | | 自治体が負担すべき額（1人当たり額） | 自治体が負担すべき額 | 基本財政需要分の国の負担額 | 国の負担割合 |
			総額	1人当たり額				
	全自治体	5,474,083人	26,397,224,828	4,822	3,600.27	19,708,168,057	6,689,056,772	25.34%
国の負担割合が高い自治体	Ristijärvi (Kainuu)	1,345人	9,262,992	6,887	3,600.27	4,842,363	4,420,629	47.72%
	Rautavaara (Pohjois-Savo)	1,723人	11,580,670	6,721	3,600.27	6,203,265	5,377,404	46.43%
	Salla (Lappi)	3,653人	24,417,271	6,684	3,600.27	13,151,786	11,265,484	46.14%
	Puolanka (Kainuu)	2,735人	17,748,406	6,489	3,600.27	9,846,738	7,901,668	44.52%
	Heinävesi (Etelä-savo)	3,514人	22,735,442	6,470	3,600.27	12,651,349	10,084,093	44.35%
	Kaavi (Pohjois-Savo)	3,154人	20,377,051	6,461	3,600.27	11,355,252	9,021,799	44.27%
	Vesanto (Pohjois-Savo)	2,148人	13,765,074	6,408	3,600.27	7,733,380	6,031,694	43.82%
国の負担割合が少ない自治体	Masku (Varsinais-Suomi)	9,675人	42,854,238	4,429	3,600.27	34,832,612	8,021,625	18.72%
	Espoo (Uusimaa)	274,583人	1,213,331,227	4,419	3,600.27	988,572,937	224,758,290	18.52%
	Rusko (Varsinais-Suomi)	6,137人	27,039,417	4,406	3,600.27	22,094,857	4,944,560	18.29%
	Tampere (Pirkanmaa)	228,274人	1,003,837,300	4,398	3,600.27	821,848,034	181,989,266	18.13%
	Pirkkala (Pirkanmaa)	19,163人	84,095,490	4,388	3,600.27	68,991,974	15,103,516	17.96%
	Helsinki (Uusimaa)	635,181人	2,753,675,171	4,335	3,600.27	2,286,823,099	466,852,072	16.95%
	Järvenpää (Uusimaa)	41,529人	179,535,480	4,323	3,600.27	149,515,613	30,019,867	16.72%

〔出所〕Suomen Kuntaliitto "Kunnan valtionosuusprosentti 2018", 2018.

治体はいずれも人口数が少ない小規模自治体であった。また、高齢者比率
（2014 年 12 月 31 日現在）がいずれも大変高く 33％を超過している[2]。
高齢者比率は Ristijärvi が 33.5％、Rautavaara が 34,7％、Salla が 33.3％
だったのである。これに対し、国負担割合が国平均を大きく下回って 16 ～
18％台の自治体もある。これらの自治体には Helsinki、Tampere、Espoo
など大都市が多かったのである。これらの自治体の高齢者比率はいずれも
10％台だった。

（3）　付加的財政需要額の計算

　付加的財政需要額は、一部の自治体の特別な事情が考慮されることによっ
て適用される財政需要費目である。Utsjoki 自治体における一般補助金額の
算定の仕組み（2017 年度）を検討しながら、付加的財政需要額についてみ
てみよう（**図表 5-6**）。
　Utsjoki 自治体は、最北部の Lappi Maakunta に所属し、その Lappi
Maakunta の中でも最北部に位置し、広大な面積（5,144.3 平方キロメートル）
を有している。
　まず、基本財政需要額が計算される。年齢構成別人口、疾病率、失業者、
バイリンガル、スウェーデン語、人口密度、島しょ部等が基本財政需要額を
構成するが、バイリンガルと島しょ部は Utsjoki 自治体には該当しないので
金額はゼロであった。Utsjoki 自治体では年齢構成別人口、疾病率、人口密
度の各財政需要費目の金額が大きかった。Utsjoki 自治体の基本財政需要額
の合計額は 704 万ユーロで、その約 6 割は年齢構成別人口によるものだった。
　次に、基本財政需要額から自治体が自己財源で負担すべき金額が差し引
かれる。自治体が自己財源で負担すべき 1 人当たり額は全自治体同額で、
2017 年度は 3,627.38 ユーロだった。この金額に Utsjoki 自治体の人口数
（1,250 人）を乗じた金額、つまり、453 万ユーロが Utsjoki 自治体の自己
財源で負担すべき金額だった。Utsjoki 自治体の基本財政需要額からこの

図表 5-6　Utsjoki 自治体の一般補助金算定のしくみ

（2017 年度予算、ユーロ）

Utsjoki 自治体の基本財政需要額		
	総　額	1 人当たり額
年齢構成別人口	4,309,013	3,447
疾　病　率	1,475,027	1,180
失　業　者	104,847	84
バイリンガル	0	0
スウェーデン語	77,992	62
人　口　密　度	981,000	785
島　しょ　部	0	0
他	92,552	74
合　　　　計	7,040,430	5,632

Utsjoki 自治体の基本財政需要額	7,040,430	5,632
Utsjoki 自治体が自己財源で負担すべき金額	4,534,225	3,627.38
国が負担する金額（基本財政需要分の一般補助金額）Ⓐ	2,506,205	2,005

Utsjoki 自治体の付加的財政需要額		
	総　額	1 人当たり額
遠　隔　地	1,508,975	1,207
サーミ人への対応	1,491,187	1,193
他	39,394	32
合　　計　　Ⓑ	3,039,556	2,432
Ⓐ　＋　Ⓑ（財政需要分の一般補助金額）	5,545,761	4,437

財政需要分	5,545,761	4,437
国の規定にもとづく加算・控除分	509,810	408
税収格差是正分	798,854	639
Utsjoki の受取る一般補助金額	6,854,425	5,484

〔出所〕Suomen Kuntaliitto"Laskelma kunnan peruspalvelujen valtionosuudesta vuonna 2018",
2017

453 万ユーロを差し引いた金額が 250 万ユーロとなり、この 250 万ユーロが Utsjoki 自治体の受取る一般補助金額のうちの基本財政需要分の金額となった。Utsjoki 自治体においては、基本財政需要分に関する国の負担割合は 35.6％（全国平均は 25.23％）であった。

　さらに、上記の 250 万ユーロに付加的財政需要分の金額が加えられる。遠隔地が 150 万ユーロ、サーミ人への対応が 149 万ユーロ、その他が 4 万ユーロで、Utsjoki 自治体の付加的財政需要額は 303 万ユーロであった。これに、先ほどの 250 万ユーロを加えた金額が、Utsjoki 自治体に交付される

一般補助金額のうちの全財政需要分の金額（554 万ユーロ）となったのである。Utsjoki 自治体は 2017 年度に、一般補助金額のうち基本財政需要分の金額よりも付加的財政需要分の金額の方が上回ったフィンランドで唯一の自治体であった[3]。

　そして、Utsjoki 自治体が受取った一般補助金額は、この財政需要分（554 万ユーロ）に、税収格差是正分（80 万ユーロ）と国の規定にもとづく加算・控除分（51 万ユーロ）が加わって 685 万ユーロとなったのである。

3　財政力の算定（税収格差是正分の算定）

（1）　2015 年改定以降 2019 年度までの税収格差是正分の算定（1）

　図表 5-7 をみてみよう。**図表 5-7** は 2010 年度から 2016 年度までの基準値の変化、基準値の計算方法の変化、受取自治体の場合の算定方法の変化、拠出自治体の場合の算定方法の変化、不動産税のあつかい方の変化を示している。

　一般補助金の財政力を斟酌する算定については、2015 年の改定が大きな影響を与えた。すでにこの点については、第 4 章で述べたのであるが、あらためて要約しておこう。まず、2012 年改定により、すべての自治体で計算上の地方税収入額から不動産税収入額が除外されたが、2015 年改定により、原子力発電所など原子力関連施設のある自治体（Eurajoki と Loviisa の 2 自治体）についてのみ不動産税収入額が復活し、この 2 自治体では、計算上の不動産税収入額の 2 分の 1 が計算上の地方税収入額に含まれることになった。また、基準値の算定方法が変更され、全国平均の 1 人当たりの計算上の地方税収入額がそのまま基準値となった。

　受取自治体の場合、基準値から当該自治体の 1 人当たりの計算上の地方税

図表 5-7　税収格差是正分の算定方法の変化

年度	計算上の地方所得税率（全国平均の地方所得税率）	全国平均の1人当たり計算上の地方税収入額	基準値	基準値の計算方法	受取自治体の場合の算定方法	拠出自治体の場合の算定方法	計算上の不動産税のあつかい方
2010	18.55%	3,257 ユーロ	2,991.53 ユーロ	全国平均の1人当たりの計算上の地方税収入額に 91.86％ を乗じた額が基準値	基準値から当該自治体の1人当たり計算上の地方税収入額を差し引いた額に当該自治体の人口数を乗じた額が受取額	当該自治体の1人当たり計算上の地方税収入額から基準値を差し引いた額に 37％ を乗じることによって得られた額に当該自治体の人口数を乗じた額が拠出額	計算上の地方税収入額にふくめる
2011	18.59%	3,279 ユーロ	3,012.74 ユーロ				計算上の地方税収入額にふくめない
2012	18.98%	3,207 ユーロ	2,946.23 ユーロ				
2013	19.17%	3,346 ユーロ	3,073.91 ユーロ				
2014	19.25%	3,400 ユーロ	3,123.15 ユーロ				
2015	19.39%	3,515.90 ユーロ	3,515.90 ユーロ	全国平均の1人当たりの計算上の地方税収入額がそのまま基準値となる	基準値から当該自治体の1人当たり計算上の地方税収入額に 80％ を差し引いた額を乗じてその差し引いた額を乗じて得た金額に当該自治体の人口数を乗じて得た金額が受取額	当該自治体の1人当たり計算上の地方税収入額から基準値を差し引いた額に「30％に自治体ごとに算定された加算割合を加えた額」を乗じて得た額を乗じて得た額に当該自治体の人口数を乗じた額が拠出額	原子力発電所のある各自治体 (Eurajoki, Loviisa) のみ、その1/2を計算上の地方税収入額にふくめる
2016	19.75%	3,654.79 ユーロ	3,654.79 ユーロ				計算上の地方税収入額にふくめる

〔出所〕Suomen Kuntaliitto "Laskelma verotuloihin perustuvasta valtionosuuden tasauksesta vuonna 2016", 2015. をはじめ同文献の各年版版を参照。

収入額を差し引いた額に 80％を乗じて得た金額に、当該自治体の人口数を
乗じた金額が受取額になった。拠出自治体の場合、当該自治体の 1 人当た
りの計算上の地方税収入額から基準値を差し引いた額に「30％に自治体ご
とに算定された加算割合を加えた分」を乗じて得た金額に当該自治体の人口
数を乗じた金額が拠出額となった [4]。「30％に自治体ごとに算定された加
算割合」は Kauniainen が最も高く、2019 年度に自治体の中で唯一 8 ％台
（8.29％）となっている。これに続くのが、Espoo（7.42％）、Helsinki（7.27％）
であった。

　そして、2015 年改定以降、拠出自治体数が大幅に減少した。改定以前に
60 台前半だった拠出自治体数が、改定後はほぼ半減して 30 前後になったの
である（**図表 5-2**）。また、2015 年改定によって Maakunta の中心自治体や都
市自治体の多くが拠出自治体から受取自治体に転換したこともあって受取額
（総額）が拠出額（総額）を上回るようになった。そこで、2015 年度から一
般補助金額のうちの税収格差是正分がマイナスからプラスに転じ、税収格差
是正分の一般補助金額が国から自治体へ交付されることになったのである。

　注目されるべきは、これまで都市自治体の多くが拠出自治体だったが、
2015 年改定にともなって都市自治体の多くが拠出自治体から受取自治体に
転換したことである。フィンランドでは都市への人口移動や、国が推進する
市町村合併が主に都市自治体と周辺自治体の間で進んだこともあり、都市部
の財政需要の高まりがみられた。しかし、一般補助金額は伸長せず、ほぼ横
ばいで推移した。財政需要のほうは年齢構成別人口に典型的にみられるよう
に抑制基調で進んでいるし、一般補助金額のうちの基本財政需要分の金額も
減少した。そこで、2015 年改定では、一般補助金額のうちの税収格差是正
分を増やすことによって、都市自治体財政への対応がなされているというこ
とができるのである。

（2）　2015 年改定以降 2019 年度までの税収格差是正分の算定（2）

　2019 年度の税収格差是正のための自治体間調整（税収格差是正分の算定）の仕組みについてみてみよう。**図表 5-8** は、拠出自治体と受取自治体について、それぞれ上位 6 自治体（基準値と 1 人当たりの計算上の地方税収入額の差額が大きな自治体）を掲げたものである。2011 年度（**図表 3-13**）と 2019 年度（**図表 5-8**）とを比較してみた場合、財政力の高い上位の自治体と財政力の低い下位の自治体ともに、若干の入れ替わりがあったものの、顔ぶれにそれほど変化はなかった。

　具体的に、拠出自治体である Kauniainen の 2019 年度予算における算定をみてみよう。Kauniainen の計算上の地方税収入額（2017 年度決算）が 7,198 万 2,686 ユーロ、1 人当たりの計算上の地方税収入額が 7,660 ユーロだった。このうち計算上の地方所得税収入額が 6,993 万 3,960 ユーロ、法人所得税の自治体分が 204 万 8,726 ユーロで、計算上の地方所得税率は 19.9％（自治体平均）であった。Kauniainen は富裕な自治体のため地方税収入額に恵まれているので、基準値（3,682.30 ユーロ）と計算上の地方税収入額との差額は、1 人当たりマイナス 3,978 ユーロであった。この 3,978 ユーロに「30％に自治体ごとに算定された加算割合」（Kauniainen は 38.29％）を乗ずればマイナス 1,523 ユーロとなり、これに Kauniainen の人口数（9,397 人）を乗じた金額はマイナス 1,431 万 2,286 ユーロとなった。そして、この 1,431 万 2,286 ユーロが Kauniainen の一般補助金額から減額されることになる。つまり、Kauniainen から 1,431 万 2,286 ユーロが財政力の弱い自治体に拠出されることになるのである。

　その反対に、受取自治体である Merijärvi は、計算上の地方税収入額が 214 万 4,609 ユーロ、1 人当たりの計算上の地方税収入額が 1,896 ユーロであった。Merijärvi における基準値と計算上の地方税収入額との差額は 1 人当たり 1,786 ユーロと最も大きかった。この 1,786 ユーロに 80％を乗じた

図表 5-8　税収格差是正のための自治体間調整のしくみ（2019年度）

自治体	自治体の所属する Maakunta	人口（2016年12月31日現在、人）	計算上の地方所得税収入（2017年度決算、ユーロ）	法人所得税の自治体分（2017年度決算、ユーロ）	計算上の不動産税収入（2017年度決算、ユーロ）	計算上の地方税収入（2017年度決算、ユーロ）		基準値と計算上の地方税収入との差（ユーロ）	2019年度予算	
						計算上の地方税収入（ユーロ）	1人当たり額（ユーロ）		1人当たり調整額（ユーロ）	調整額（ユーロ）
全国	—	5,474,083	18,440,217,167	1,706,395,389	10,586,568	20,157,199,123	3,682.30	0	137	750,540,586
Kauniainen	Uusimaa	9,397	69,933,960	2,048,726	0	71,982,686	7,660	-3,978	-1,523	-14,312,286
Espoo	Uusimaa	274,583	1,346,985,108	123,252,370	0	1,470,237,478	5,354	-1,672	-626	-171,818,905
Helsinki	Uusimaa	635,181	2,758,212,642	494,559,258	0	3,252,771,899	5,121	-1,439	-536	-340,603,759
Kirkkonummi	Uusimaa	39,033	170,905,420	6,517,210	0	177,422,630	4,545	-863	-317	-12,385,163
Eurajoki	Satakunta	9,418	31,464,831	1,812,384	8,788,846	42,066,060	4,467	-784	-288	-2,708,116
Sipoo	Uusimaa	19,922	84,228,727	4,342,939	0	88,571,666	4,446	-764	-280	-5,573,708
Soini	Etelä-Pohjanmaa	2,186	4,399,365	583,853	0	4,983,218	2,280	1,403	1,122	2,453,032
Kärsämäki	Pohjois-Pohjanmaa	2,655	5,405,127	578,752	0	5,983,878	2,254	1,428	1,143	3,034,103
Perho	Keski-Pohjanmaa	2,907	5,896,394	591,565	0	6,487,959	2,232	1,450	1,160	3,373,190
Rääkkylä	Pohjois-Karjala	2,268	4,470,840	488,576	0	4,959,416	2,187	1,496	1,196	2,713,633
Ranua	Lappi	4,023	8,167,387	568,860	0	8,736,247	2,172	1,511	1,209	4,862,117
Merijärvi	Pohjois-Pohjanmaa	1,131	2,018,369	126,240	0	2,144,609	1,896	1,786	1,429	1,616,058

（注1）基準値を計算上の地方税収入が上回った場合は、マイナス（－）として表わしている。
（注2）調整額がマイナス（－）となっている場合、調整額は自治体の拠出額を表わしている。
（注3）計算上の不動産税収入は原子力発電所や核燃料関連施設のある Eurajoki と Loviisa においてのみ計上される。
（注4）計算上の地方所得税収入とは、各自治体が実際に課している地方所得税率ではなく、全自治体の平均地方所得税率（2017年度 19.9%）で各自治体の地方所得税収入を計算した地方所得税収入のことをさす。
［出所］Suomen Kuntaliitto "Laskelma verotuloihin perustuvasta valtionosuuden tasauksesta vuonna 2019", 2018.

金額が 1,429 ユーロとなり、これに Merijärvi の人口数（1,131 人）を乗じて得た金額は 161 万 6,058 ユーロになった。そして、この 161 万 6,058 ユーロが Merijärvi の一般補助金額に増額されることになる。つまり、161 万 6,058 ユーロを税収格差是正分として、Merijärvi は受取ることができるのである。

　6 つの受取自治体には小規模自治体が多く、このうち 5 自治体の人口数が 1,000 人台もしくは 2,000 人台だった。これとは反対に、拠出自治体の多くが人口数の多い自治体であり、6 自治体のうち 5 自治体が人口の増加が進む Uusimaa Maakunta に属している。また、Eurajoki（Satakunta Maakunta に所属）は原子力発電所など原子力関連施設が立地している自治体で不動産税収入額が多い。

　なお、フィンランドの Maakunta は現在 19 あるが、このうち極小の Ahvenanmaa Maakunta（2014 年 12 月 31 日現在の人口数は 2 万 8,916 人、自治体数は 16）については、これまで述べてきた一般補助金の算定方法は適用されない。

4　拠出自治体と受取自治体の動向

（1）　拠出自治体の動向

　図表 5-9 では 2015 年度から 2019 年度までの拠出自治体名をすべて掲げた。この 5 年間、毎年度拠出自治体であった自治体が Kauniainen、Helsinki、Espoo、Eurajoki など 26 自治体、受取自治体になったことがある拠出自治体が Lieto、Riihimäki、Tampere、Turku など 9 自治体であった。毎年度拠出自治体になっている自治体が多数あるということは、拠出自治体の財政が安定し、富裕性を保っていることを示すものであるといえよう。

　2018 年度において、拠出自治体の拠出額の一般補助金額に占める割合

図表5-9　2015～2019年度における拠出自治体の変遷

自治体	2015	2016	2017	2018	2019
Espoo	○	○	○	○	○
Eurajoki	○	○	○	○	○
Hanko	○	○	○	○	○
Harjavalta	○	○	○	○	○
Helsinki	○	⊛	○	○	○
Hyvinkää	○	○	○	○	○
Inkoo	○	○	○	○	○
Järvenpää	○	○	○	○	○
Kaarina	○	○	○	⊛	⊛
Kaskinen	⊛	○	⊛	○	○
Kauniainen	○	○	○	○	○
Kerava	○	○	○	○	○
Kirkkonummi	○	⊛	○	⊛	⊛
Lieto	○	○	○	○	⊛
Loviisa	○	○	○	○	○
Masku	⊛	○	○	○	○
Muurame	○	○	⊛	⊛	○
Naantali	○	○	○	○	○
Nurmijärvi	○	○	○	○	○
Pirkkala	○	○	○	○	○
Porvoo	○	⊛	○	○	○
Vihti	○	○	○	○	○
Raisio	○	○	○	○	○
Rauma	○	○	○	○	○
Riihimäki	○	○	⊛	⊛	⊛
Rusko	⊛	⊛	⊛	⊛	⊛
Sipoo	○	○	○	○	○
Siuntio	○	○	○	○	○
Tampere	○	○	○	⊛	⊛
Turku	○	○	○	○	○
Tuusula	○	○	○	○	○
Vaasa	○	○	○	○	○
Vantaa	○	○	○	○	○
Pyhäjärvi	⊛	○	○	⊛	⊛
Lempäälä	⊛	⊛	⊛	○	⊛
拠出自治体合計	31	32	30	30	29

（注）○印は拠出自治体、⊛は受取自治体。
（出所）Suomen Kuntaliitto "Laskelma verotuloihin perustuvasta valtionosuuden tasauksesta vuonna 2017"、2016 をはじめ、同文簡の各年度版より作成。

114

についてみると、1％未満の自治体が6、1％以上5％未満の自治体が3、5％以上10％未満の自治体が3、10％以上20％未満の自治体が7であった。20％未満の自治体が全部で19あり、拠出自治体全体の3分の2を占めていたのである（**図表5-10**）。その一方で、一般補助金が不交付の自治体が1つ、100％以上300％未満の自治体が2つ、50％以上100％未満の自治体が1つ存在した。これらの4自治体はいずれも財政力が大変高い。とくに、EspooとHelsinkiは財政規模が大きく、拠出額の多くの部分はこの2自治体によるものである。

図表 5-10　拠出自治体の一般補助金収入額に占める拠出額の割合

(2018 年度)

割　合	自治体数	自治体名
1％未満	6	Hanko, Lempäälä, Lieto, Masku, Raisio, Turku
1％以上　5％未満	3	Inkoo, Loviisa, Vaasa
5％以上　10％未満	3	Harjavalta, Hyvinkää, Vihti
10％以上　20％未満	7	Järvenpää, Kaarina, Kaskinen, Nurmijärvi, Porvoo, Rauma, Siuntio
20％以上　30％未満	5	Eurajoki, Vantaa, Kerava, Naantali, Pirkkala
30％以上　40％未満	2	Sipoo, Tuusula
40％以上　50％未満	0	
50％以上 100％未満	1	Kirkkonummi
100％以上 200％未満	1	Helsinki
200％以上 300％未満	1	Espoo
不交付自治体	1	Kauniainen
合　計	30	

（注）不交付自治体とは一般補助金の交付を受けていない自治体のことである。
〔出所〕Suomen Kuntaliitto "Laskelma kunnan valtionosuudesta ja kotikuntakorvauksista vuonna 2018", 2017.

（2）　受取自治体の動向

　2015 年改定が行われたことにより、2015 年度に拠出自治体から受取自治体に転換した自治体が多数出たことが注目されるべきであろう。すでにみてきたように、Maakunta の中心自治体（19 自治体）のうち、2014 年度に

拠出自治体だったが 2015 年度に受取自治体に転換した自治体は、約半分の 9 自治体にのぼったのである。

　さらに、**図表 5-9** から、2018 年度に拠出自治体になっている Maakunta の中心自治体は Helsinki、Vaasa、Turku の 3 自治体のみで、残りの 15 自治体、つまり、Kuopio、Kokkola、Lahti、Lappeenranta、Tampere、Hämeenlinna、Jyväskylä、Oulu、Kotka、Pori、Mikkeli、Joensuu、Seinäjoki、Kajaani、Rovaniemi の 15 自治体は受取自治体であったことがわかる。Itä-Uusimaa が Uusimaa に統合されたため、現在の Maakunta の数は 18（Ahvenanmaa Maakunta を除く）であるため、実に Maakunta の中心自治体の約 85％が受取自治体になっているのである。

　すでに指摘してきたことであるが、2015 年改定が、都市の財政需要への対応を重視したものであることが、あらためて理解できるのである。

　さらに、2018 年度において、受取自治体の一般補助金額に占める受取額（税収格差是正分の金額）の割合をみてみると（**図表 5-11**）、30％以上の自治体が 12、25％以上 30％未満の自治体が 74、20％以上 25％未満の自治体が 89、15％以上 20％未満の自治体が 42、10％以上 15％未満の自治体が 27、5％以上 10％未満の自治体が 13、5％未満の自治体が 8 であった。受取額（税

図表 5-11　受取自治体の一般補助金収入額に占める受取額の割合

（2018 年度）

割　合	自治体数
30％以上	12　（4.1％）
25％以上 30％未満	74　（25.1％）
20％以上 25％未満	89　（30.1％）
15％以上 20％未満	42　（14.2％）
10％以上 15％未満	27　（9.2％）
5％以上 10％未満	13　（4.4％）
0％以上　5％未満	8　（2.7％）
0％未満（マイナス）	30　（10.2％）

（注）0％未満（マイナス）は拠出自治体である。
〔出所〕Suomen Kuntaliitto "Laskelma kunnan valtionosuudesta ja kotikuntakorvauksista vuonna2018",2017.

収格差是正分の金額）の一般補助金額に占める割合が20%以上の自治体数は、拠出自治体を含めた全自治体数（Ahvenanmaa Maakunta 所属の自治体を除く）の約6割を占めているのである。最も割合が大きい30%以上の自治体について詳しくみてみると、Tyrnävä を除けば、いずれも人口数が少なくて財政力の弱い自治体であった（**図表5-12**）。

図表5-12　受取額の一般補助金収入額に占める割合が高い上位12自治体（30%以上の自治体）

（2018年度、ユーロ）

自治体名	人　口	一般補助金収入額	受取額	受取額の一般補助金収入額に占める割合
Humppila	2,345 人	6,199,542	1,907,418	30.7%
Jämijärvi	1,915 人	5,973,289	1,972,859	33.0%
Karvia	2,449 人	8,226,492	2,487,983	30.2%
Lumijoki	2,105 人	6,462,688	2,133,602	33.0%
Merijärvi	1,131 人	4,358,225	1,600,403	36.7%
Perho	2,907 人	11,202,722	3,459,467	30.8%
Polvijärvi	4,514 人	14,892,355	4,871,362	32.7%
Siikainen	1,494 人	5,098,466	1,544,740	30.2%
Toholampi	3,232 人	10,217,551	3,224,221	31.5%
Tyrnävä	6,750 人	19,689,214	6,879,363	34.9%
Uurainen	3,717 人	9,640,444	3,190,081	33.6%
Ypäjä	2,382 人	5,346,409	1,765,502	33.0%

（注）人口は2016年12月31日現在。
〔出所〕Suomen Kuntaliitto "Laskelma kunnan valtionosuudesta ja kotikuntakorvauksista vuonna 2018", 2017.

5　特徴ある自治体の一般補助金の状況分析

　特徴のある自治体を取り上げて一般補助金の動向について、さらに詳しくみてみよう。

（1）　不交付自治体と財政力の最も弱い自治体

　一般補助金が不交付となっている自治体はKauniainen（Uusimaa Maakunta）のみである。一般補助金が創設された2010年度から2014年度までは一般補助金が不交付となった自治体は皆無だったが、2015年度にKauniainenが不交付自治体に転じ、以後Kauniainenは2022年度までずっと、不交付自治体になっているのである。

　図表5-13をみてみよう。2016年度のKauniainenの基本財政需要額は4,447万ユーロ、一般補助金額のうちの基本財政需要分の金額は1,041万ユーロ、2017年度の基本財政需要額は4,494万ユーロ、一般補助金額のうちの基本財政需要分の金額は1,053万ユーロであった。また、一般補助金額のうちの税収格差是正分の金額は、2016年度がマイナス1,228万ユーロ、2017年度がマイナス1,294万ユーロであり、どちらの年度においても、一般補助金のうちの基本財政需要分の金額よりも税収格差是正分の金額（拠出額）のほうが上回った。さらに、加算・控除が行われるが、2016年度が

図表5-13　一般補助金が不交付の自治体（Kauniainen）と一般補助金額のうちの税収格差是正分の金額の割合が最も高い自治体（Merijärvi）の分析

(ユーロ)

自治体名 (所属 Maakunta)	年度	基本財政需要額	一般補助金額のうちの基本財政需要分の金額（A）	基本財政需要分の金額に対する国の負担割合	税収格差是正分の金額（B）	加算・控除分の金額（C）	(A)+(B)+(C)	一般補助金額
Kauniainen (Uusimaa)	2016	44,479,678	10,413,180	23.4%	マイナス12,285,162	564,566	マイナス1,307,416	0
	2017	44,947,320	10,537,993	23.4%	マイナス12,942,493	マイナス588,532	マイナス2,993,032	0
Merijärvi (Pohjois-Pohjanmaa)	2016	6,602,552	2,415,690	36.6%	1,464,318	363,995	4,244,003	4,244,003
	2017	6,615,027	2,501,578	37.8%	1,601,908	367,769	4,471,255	4,471,255

（注）一般補助金額のうちの財政需要分の金額には基本財政需要額のみが計上され、付加的財政需要額については加算・控除分に計上されている。図表5-14、図表5-15も同様である。
〔出所〕Suomen Kuntaliitto "Kunnan peruspalvelujen valtionosuus vuonna 2016", 2015.
　　　　Suomen Kuntaliitto "Kunnan peruspalvelujen valtionosuus vuonna 2017", 2016.

図表 5-14　2016 年度と 2017 年度のどちらかが拠出自治体、どちらかが受取自治体
　　　　　であった自治体の分析　　　　　　　　　　　　　　　　　　　　（ユーロ）

自治体名 (所属 Maakunta)	年度	基本財政 需要額	一般補助金額の うちの基本財政 需要分の金額	基本財政需要分 の金額に対する 国の負担割合	税収格差 是正分	加算・ 控除分	一般補助 金　額
Riihimäki (Kanta-Häme)	2016	137,920,708	31,064,696	22.5%	マイナス 530,599	7,042,722	37,576,818
	2017	137,096,851	30,927,066	22.5%	454,406	5,426,214	36,807,686
Masku (Varsinais-Suomi)	2016	44,352,301	8,793,095	19.8%	マイナス 394	1,612,790	10,405,491
	2017	43,596,519	8,389,169	19.2%	199,237	1,591,859	10,180,265
Lieto (Varsinais-Suomi)	2016	89,107,449	19,172,282	21.5%	42,004	4,215,720	23,430,007
	2017	88,635,650	18,761,430	21.1%	マイナス 162,121	2,942,956	21,542,265

〔出所〕Suomen Kuntaliitto "Kunnan peruspalvelujen valtionosuus vuonna 2016", 2015.
　　　　Suomen Kuntaliitto "Kunnan peruspalvelujen valtionosuus vuonna 2017", 2016.

56 万ユーロ、2017 年度がマイナス 58 万ユーロであった。加算・控除額は
年度によって異なるが、どちらの年度においても、基本財政需要分の金額と
加算・控除分の金額を加えても税収格差是正分の金額のほうが大きかったた
め、Kauniainen では一般補助金が不交付になっているのである。

　さらに、税収格差是正分の金額（1 人当たり）の割合が最も多い自治体は、
Merijärvi（Pohjois-Pohjanmaa に所属、2016 年 12 月 31 日現在の人口数
は 1,131 人）であった。Merijärvi は財政力が最も低い自治体のため一般補
助金額のうちの税収格差是正分の金額の比重が大きく、これが一般補助金額
の増額につながっている。そして、加算・控除分が少なかった。Merijärvi
は内陸部の自治体で遠隔地ではないし、面積が広いわけでもない（面積は

図表 5-15　原子力発電所等の原子力関連施設のある自治体の分析

（ユーロ）

自治体名 (所属 Maakunta)	年度	基本財政 需要額	一般補助金額の うちの基本財政 需要分の金額	基本財政需要分 の金額に対する 国の負担割合	税収格差 是正分	加算・ 控除分	一般補助 金　額
Eurajoki (Satakunta)	2016	28,761,702	7,084,676	24.6%	マイナス 3,432,384	5,521,426	9,173,717
	2017	44,049,762	10,362,284	23.5%	マイナス 1,841,649	5,737,438	14,258,073

〔出所〕Suomen Kuntaliitto "Kunnan peruspalvelujen valtionosuus vuonna 2016", 2015.
　　　　Suomen Kuntaliitto "Kunnan peruspalvelujen valtionosuus vuonna 2017", 2016.

229.8 平方キロメートル）。そこで、付加的財政需要額が少なく、加算・控
除額が少ないのである。

　なお、**図表 5-13**、**図表 5-14**、**図表 5-15** では、一般補助金額のうちの財
政需要分の金額には基本財政需要額のみが計上され、付加的財政需要額につ
いては加算・控除分の金額の中に含まれ、その中で加算・控除されている。
そこで、図表の見方には注意が必要である。

（2）　2016 年度と 2017 年度のどちらかが受取自治体に転換した拠出
　　　自治体

　2015 年改定以後、大部分の拠出自治体は継続して拠出自治体になってい
るが、中には拠出自治体から受取自治体に転換した自治体や、その反対に、
受取自治体から拠出自治体に転換した自治体がある。

　図表 5-14 は、2016 年度に拠出自治体だったが 2017 年度に受取自治体
に転換した自治体（Riihimäki と Masku）と、その反対に、2016 年度に受
取自治体だったが 2017 年度に拠出自治体になった自治体（Lieto）につい
て示したものである。このような 3 自治体では、基準値と計算上の地方税収
入額の差がきわめて小さいことが特徴になっているのである。

　3 自治体ともに基本財政需要額、一般補助金額のうちの基本財政需要額
分の金額が、両年度ほとんど変化がない。税収格差是正分の金額について
は、Riihimäki と Masku は 2016 年度がマイナス、2017 年度がプラスだっ
た。その反対に Lieto は 2016 年度がプラス、2017 年度がマイナスであった。
加算控除分の金額は Riihimäki と Lieto において 2016 年度と 2017 年度の
金額の差がやや大きかった。

（3）　原子力発電所等の原子力関連施設のある自治体の分析

　フィンランドにおいて最初の原子力発電所は Loviisa 自治体（Uusimaa

Maakunta）に立地し、現在も稼働している。さらに、現在は Eurajoki 自治
体（Satakunta Maakunta）に新しい原子力発電所（オルキルオト原子力発
電所、Olkiluodon ydinvoimalaitos）がつくられて、Loviisa の原子力発電所
とともに稼働している。さらに、Eurajoki には核燃料廃棄物の最終処分場が
ある。そこで、Eurajoki にしぼって検討しよう。

　Eurajoki は原子力発電所等の原子力関連施設があるため不動産税収入が
多額に入ることにより、税収格差是正分の金額が 2010 年度から一貫して
マイナスになっている。さらに、**図表 5-15** から、Eurajoki の基本財政需要
額、一般補助金額のうちの基本財政需要分の金額、税収格差是正分の金額が、
2016 年度と 2017 年度とで大きく異なっていることが把握できる。これは、
2015 年に Eurajoki の人口数が一時的に 50％以上増加したことによるもの
である。つまり、新たな原子力関連施設の建設等の影響により、Eurajoki の
人口数が 5,954 人（2014 年 12 月 31 日現在）から 9,287 人（2015 年 12
月 31 日現在）に大幅増加し、このような大幅な人口の増加が 2017 年度の
一般補助金の算定に反映されているのである。つまり、人口増加を反映して、
Eurajoki の 2017 年度の基本財政需要額が 2016 年度の 1.5 倍に増加し、一
般補助金額のうちの基本財政需要分の金額も約 1.5 倍に増加したのである。

　さらに、税収格差是正分の金額については、人口増加を反映して計算上の
地方所得税収入額が大幅に増えたため、計算上の地方税収入額が約 3 割増に
なった。しかし、1 人当たりの計算上の地方税収入額が減少し、計算上の地
方税収入額と基準値の差額が小さくなった。そこで、税収格差是正分の金額
は両年度ともにマイナスであったけれども、2017 年度はマイナスの金額の
幅が小さくなったのである。Eurajoki では加算・控除分の金額にほとんど変
化がなかった。このような中、Eurajoki の一般補助金額は、2017 年度には
2016 年度の 1.5 倍となり、増加額は 508 万ユーロになったのである。

むすびにかえて

　本章では、主に 2015 年改定後、2019 年度までのフィンランドの一般補助金について検討してきた。2015 年改定以後は、第 6 章で述べるように、2020 年度に改革が行われたけれども、財政需要や税収格差是正に直接関係するものではなかった。このため、基本財政需要額や付加財政需要額の仕組みにほとんど変化はなく、税収格差是正分についても、「30％に自治体ごとに算定された加算割合」の数値に若干の変化がみられたにすぎなかった。しかし、注目されるべきは、基本財政需要額の基礎価格について削減が行われていることである。とくに、基本財政需要額の半分以上を占める年齢構成別人口がターゲットとなっており、なかでも児童福祉費支出の多い「0 ～ 5 歳」、就学前教育費支出の多い「6 歳」、高齢者福祉費支出の多い「65 歳～ 74 歳」、「75 歳～ 84 歳」、「85 歳以上」の基礎価格が大幅に削減されたのである。フィンランドの経済と国財政が厳しい状況におかれている中で、福祉支出や教育費支出の絞り込みが行われているのである。

　財政力を斟酌した算定は、2010 年の一般補助金制度の創設以来、財政力の弱い自治体の財政に大きな貢献をしてきた。しかし、2015 年改定では、都市への配慮に力点がおかれるようになる一方で、財政力の弱い自治体への配慮が少し弱まった。

　2015 年改定が行われたことによって拠出自治体数が半減した。とくにMaakunta の中心自治体や比較的人口の多い自治体において、拠出自治体から受取自治体に転換した自治体が多かった。このため税収格差是正分の一般補助金額は、2010 年度から 2014 年度まではゼロだったが、2015 年には6 億ユーロ台にアップした。ただし、一般補助金の総額自体は増加しなかった。そこで、2015 年改定は、基本財政需要分の削減を進める一方で、一般

補助金総額の大幅な減少を避けるために、財政需要の削減分を税収格差是正分でカバーしようとしたものであるということができるのである。フィンランドの国財政が厳しい状況にある中で、また、自治体合併や自治体連合が進んできた中で、2015 年改定は都市の役割を重視し、都市の財政需要に一定程度こたえようとしたものであるということができるだろう。

　なお、最後に次の点を付記しておきたい。つまり、フィンランドでは地方財政調整制度に関する改革のスピードが早いことと、行政の縦割りに関する柔軟性が注目されるべきであろう。1992 年までは使途が厳しい特定補助金（社会福祉保健医療関係の国庫支出金、教育文化関係の国庫支出金）の中で地方財政調整が行われ、自治体への一般財源の交付は行われていなかった。1993 年に包括補助金制度が創設され、「幅広い特定財源」が自治体に交付されるようになった。そして、2010 年に一般補助金制度ができ、自治体は一般補助金をどんな支出にも充当できるようになった。このような地方財政調整に関する大きな改革が比較的短期間に行われていることが興味深いのである。さらに、包括補助金制度の所管は社会保健省と教育文化省だったが、一般補助金制度の所管は財務省に 1 本化された。行政の縦割りの柔軟性が注目されるのである。

注
（1）　ドイツについては、横山純一『ドイツ地方財政調整制度の歴史と特質 ― 第 2 帝政期、ワイマール期、ナチス期の邦国（州）― 市町村間における展開』、同文舘出版、2020 年 1 月を参照。
（2）　高齢者比率については、Tilastokeskus "Suomen tilastollinen vuosikirja 2015", 2015, S. 442-457 を参照。
（3）　Suomen Kuntaliitto "Kunnan peruspalvelujen valtionosuus vuonna 2017", 2016 を参照。
（4）「30％に自治体ごとに算定された加算割合を加えた分」については、Suomen Kuntaliitto"Laskelma verotuloihin perustuvasta valtionosuuden tasauksesta vuonna 2019", 2018.

第 6 章　2022 年度のフィンランド一般補助金の動向と地理的条件等の地域実情を配慮したいわゆる「補正」の検証

1　問題の所在

　筆者は、国庫支出金の動向、とくに一般補助金の動向について、その創設以来、各年度の分析を継続して行ってきた [1]。本章では、このことを踏まえ、2022 年度の一般補助金を分析することにしたい。

　2022 年度の一般補助金の分析にあたっては、主に、2022 年度の一般補助金の特徴と、各財政需要費目の具体的な需要額計算の仕組みに力点をおいた。各財政需要費目の具体的な需要額計算の仕組みについては実務的・計算技術的な色彩が濃いため、一般補助金をはじめとした国庫支出金の構造的分析を重視して研究してきた筆者は、これまで詳細な分析を行ってこなかった。しかし、次の第 7 章で述べるように、フィンランドでは、大規模な保健医療福祉改革（SOTE 改革）が 2023 年 1 月 1 日から実施されることが決まり、これにともなって地方自治制度の大幅再編や地方財政制度の大規模な改革が不可避になった。そして、これまで続いてきた国庫支出金制度も大きく変化することが明確になったのである。そこで、2010 年度から 2022 年度までの一般補助金制度を振り返りながら、2023 年度以降の新しい補助金制度を展望することが重要だと考え、これまで行ってきた構造的分析に加えて、各財政需要費目の具体的な需要額計算の仕組みについて分析することにしたのである。

フィンランドの一般補助金は、自治体の財政需要と財政力を斟酌して国から自治体に交付される。これに加えて国の規定に基づく加算・控除が行われている。一般補助金制度では、2012 年と 2015 年に改定が行われたが、さらに、2020 年度にも制度改正が行われた。つまり、2010 年度から2019 年度までは、国の課税ベースの変更などによって自治体が税収損失を受けた場合、一般補助金の枠組みの中で自治体への加算がなされていたが、2020 年度に制度改正が行われて一般補助金とは別のシステムによって、自治体の税収損失等の補償が行われることになったのである[2]。このため自治体に交付される一般補助金総額は減少したが、2020 年度から自治体は新システムにもとづく加算措置によって補償額を受け取っているのである。

2　一般補助金の交付のしくみ

　まず、後論との関係でどうしても必要となる財政需要と財政力の算定方法について、簡潔に述べておこう。

（1）　財政需要の算定

　財政需要額には基本財政需要額と付加的財政需要額がある。基本財政需要額が圧倒的に大きく、付加的財政需要額はごくわずかである。
　基本財政需要額の算定では、推計コスト積み上げ方式が採用されている。つまり、まず、基礎価格を用いて各財政需要費目の基本財政需要額を計算する。そして、各財政需要費目の基本財政需要額を合計したものが各自治体の基本財政需要額になる。次に、各自治体の基本財政需要額から各自治体が自らの財源で負担すべき額（すべての自治体で住民 1 人当たり同額、この住民 1 人当たり額に各自治体の人口数を乗じた額）が差し引かれるが、それ

は各年度の国と自治体の責任割合（推計コスト積み上げ額に対する国と自治
体の負担割合）に基づいて計算される。そして、推計コスト積み上げ額から
各自治体が自らの財源で負担すべき額を差し引いた額が国の負担すべき額、
つまり、基本財政需要額分の一般補助金額となるのである。

　付加的財政需要額については、基本財政需要額の計算とは異なり、算定
された財政需要額の全額が国の負担、つまり、付加的財政需要額分の一般補
助金額となるのである。

（2）　財政力の算定

　上記の財政需要額の計算では過疎自治体や島しょ部の自治体への配慮が
なされているが、これは自治体間の財政力格差を考慮したものではなく、あ
くまで自治体の財政需要に着目したものである。そこで、財政力分（税収格
差是正分）の算定が行われる。自治体の財政力は 1 人当たりの地方税額で
示される。そして、1 人当たりの地方税額が少ない自治体では一般補助金が
増額され、多い自治体では減額される。つまり、自治体は財政力分の一般補
助金額を受取る自治体（受取自治体）と拠出する自治体（拠出自治体）に区
分されるのである。なお、第 5 章の**図表 5-7** で示されているように、2015
年度に財政力分の算定に関する比較的大きな改革（2015 年改定）が実施さ
れたが、それ以後は財政力の算定に関する改革が行われていない。

3　2022 年度一般補助金の特徴

（1）　財政需要額の大幅増加

　一般補助金については、2015 年度に財政力の算定にかかわる制度改革が行

われて以降は、2021年度まで、2020年度の加算・控除の仕組みの変更のほかには、めぼしい改革は行われていない。各自治体の財政需要額の計算では、基礎価格の毎年度の見直しが行われてはいるものの計算方法には変化がないし、自治体の財政力を斟酌した交付方法（自治体間の税収格差是正分の算定方法）では、2015年度から実施されたシステムが、そのまま今日まで続いている。

　では、2022年度の一般補助金の特徴は何だろうか。それは制度や仕組みの変更はなかったけれども、各自治体の財政需要額の計算において、これまでとはうってかわり、各財政需要費目の基礎価格が大幅に上昇して財政需要額が大幅に増加したことである。そして、このことが一般補助金の交付に影響を与えることになったので、以下、この点について検討してみることにしよう。

（２）　基本財政需要額と基礎価格

　自治体への一般補助金の交付では、自治体の財政需要分、財政力分（税収格差是正分、以下、財政力分もしくは税収格差是正分とする）、国の規定に基づく加算・控除分が斟酌される。その内訳をみると、財政需要分が8割を占め、この財政需要分のうち年齢構成別人口が約3分の2を占めている。自治体の財政力分（税収格差是正分）は8.7%である。なお、第5章の**図表 5-1**でみてきたように、財政需要額では、年齢構成別人口や疾病率、失業者、人口密度、島しょ部、スウェーデン語などの基本財政需要額がそのほとんどを占めている。遠隔地、サーミ人への対応など一部の自治体の特別な財政需要を考慮した付加的財政需要額の金額はわずかである。

　図表 6-1 は、2015年度から2022年度までの財政需要額計算に用いられる基礎価格の推移を示している。年齢構成別人口の基礎価格をみてみよう。年齢構成別人口は9つの年齢階層に区分されているが、「7-12歳」と、2015年度の数値が示されていない「13-15歳」、「85歳以上」を除いた年齢階層は、いずれも2015年度に比べて2019年度の基礎価格が減少している。これは、2015年度から2019年度にかけての期間は、政府方針に

第6章　2022年度のフィンランド一般補助金の動向と地理的条件等の地域実情を
　　　 配慮したいわゆる「補正」の検証

図表6-1　各自治体への一般補助金交付算定（財政需要分）における基礎価格の推移
(各年度予算、ユーロ)

年度	2015	2019	2020	2021	2015～2021の増減	2022	2021～22の増減
基本財政需要分に関する国負担割合	25.44%	25.37%	25.46%	25.67%		23.59%	
自治体が自己財源で負担する額（1人当たり額）	3,520.93ユーロ	3,524.51ユーロ	3,654.72ユーロ	3,747.29ユーロ		4,291.05ユーロ	
年齢構成別人口							
0～5歳	8,483.82	8,172.53	8,511.95	8,761.95	278.13	9,713.30	951.35
6歳	8,947.47	8,677.28	9,043.62	9,284.90	337.43	10,305.71	1,020.81
7～12歳	7,269.02	7,277.45	7,573.36	7,759.16	490.14	8,595.88	836.72
13～15歳		12,502.93	12,981.41	13,287.99	392.52	14,733.47	1,445.48
16～18歳	3,981.85	3,966.54	4,139.01	4,264.40	282.55	4,728.28	463.88
19～64歳	1,033.38	933.60	1,032.15	1,039.29	5.91	1,157.20	117.91
65～74歳	2,122.03	1,983.50	2,017.02	2,072.39	マイナス49.64	2,306.18	233.79
74～84歳	5,715.25	5,481.33	5,626.27	5,802.72	87.48	6,457.36	654.63
85歳以上		18,771.79	19,451.07	20,092.53	384.20	22,359.23	2,266.70
疾病率	1,125.29	1,133.37	1,178.00	1,203.96	78.67	1,329.61	125.65
失業率	87.44	88,08	91.55	93.57	6.13	103.34	9.77
スウェーデン語	1,893.80	1,907.38	1,982.49	2,026.18	132.38	2,237.64	211.46
バイリンガル	269.61	271.55	282.24	288.46	18.85	318.58	30.12
島しょ部	371.08	373.75	388.47	397.03	25.95	438.47	41.44
人口密度	38.10	38.36	39.87	40.75	2.65	45.00	4.25
遠隔地	207.12	210.64	215.70	220.88	13.76	226.40	5.52
サーミ人への対応	2,630.69	2,675.41	2,739.62	2,805.37	174.68	2,875.50	70.13

（注1）ほかにも2～3の財政需要費目があるが省略した。
（注2）年齢構成別人口の13～15歳と85歳以上は2016年の数値と2021年の数値の比較。
［出所］2015-2021年度はSuomen Kuntaliitto "Kunnan peruspalvelujen valtionosuuden perush
　　　innat"、2022年度はValtiovarainministeriö"Kunnan peruspalvelujen valtionosuus vuonna
　　　2022".

基づいて財政需要が厳しく抑制基調で進んでいたからである。2020年度
と2021年度は基礎価格が上昇したが、その上昇度合は高くなかった。なか
でも「65-74歳」の基礎価格は2015年度よりも2021年度の方が小さく、
「19-64歳」の基礎価格についても2021年度は2015年度よりもわずか5.91
ユーロ増加したにすぎなかったのである。

（3）2022年度の一般補助金と基本財政需要分に関する国負担割合の
　　 減少と自治体負担の増加

　これまでとはうってかわり、2022年度の基礎価格は大幅に上昇した。年
齢構成別人口では、どの年齢階層においても、2015-2021年度の基礎価格

図表 6-2　基本財政需要額の動向（2021 年度、2022 年度）

（ユーロ）

	2021 年度	2022 年度	2021 年度を 100 としたときの2022 年度の数値
基本財政需要額	269 億 845 万	309 億 759 万	115
年齢構成別人口	187 億 1,000 万	215 億 2,756 万	115
疾病率	64 億 6,501 万	73 億 1,772 万	113
他	17 億 3,343 万	20 億 6,230 万	118
		（内訳） 失業率・失業者 5 億 6,765 万 人口密度 2 億 2,387 万 島しょ部 2,688 万	

［出所］Valtiovarainministeriö "Kunnan peruspalvelujen valtionosuus vuonna2022".

図表 6-3　一般補助金額の推移、税収格差是正分の金額の推移、拠出自治体数と
　　　　　受取自治体数の推移

（各年度予算）

年度	金額	うち税収格差是正分の金額	拠出自治体数	受取自治体数
2010	77 億 6,226 万ユーロ	マイナス　2,291 万ユーロ	61	265
2011	80 億 5,170 万ユーロ	マイナス　1,723 万ユーロ	62	258
2012	85 億 382 万ユーロ	マイナス　3,510 万ユーロ	63	257
2013	85 億 5,198 万ユーロ	マイナス　4,775 万ユーロ	62	242
2014	85 億 9,202 万ユーロ	マイナス　4,956 万ユーロ	62	242
2015	84 億 5,399 万ユーロ	プラス　6 億 7,262 万ユーロ	31	270
2016	87 億 2,576 万ユーロ	プラス　6 億 8,465 万ユーロ	33	268
2017	85 億 6,885 万ユーロ	プラス　7 億 1,544 万ユーロ	30	267
2018	85 億 4,308 万ユーロ	プラス　7 億 3,785 万ユーロ	30	265
2019	86 億 8,751 万ユーロ	プラス　7 億 4,852 万ユーロ	29	266
2020	70 億 5,054 万ユーロ	プラス　7 億 7,933 万ユーロ	27	267
2021	76 億 5,347 万ユーロ	プラス　7 億 9,222 万ユーロ	28	265
2022	79 億 4,725 万ユーロ	プラス　7 億 8,968 万ユーロ	25	268

（注 1）自治体数では Ahvenanmaa Maakunta に所属する自治体はのぞかれている。
（注 2）税収格差是正分の金額がマイナスの場合は、自治体が拠出する金額のほうが受取る金額よ
　　　りも多いため、国の支出金額（一般補助金額中の税収格差是正分の金額）はゼロとなる。プ
　　　ラスの場合は自治体が受取る一般補助金額中の税収格差是正分の金額を示す。
［出所］2010-2021 年度は、Suomen kuntaliitto "Laskelma kunnan peruspalvelujen valtionosuud-
　　　esta vuonna 2018",2017 をはじめ、同文献の各年度版。Suomen kuntaliitto "Laskelma
　　　verotuloihin perustuvasta valtionosuuden tasauksesta vuonna 2018",2017 をはじめ、同
　　　文献の各年度版。2022 年度は Valtiovarainministeriö "Kunnan peruspalvelujen valtiono-
　　　suus vuonna2022".

の増加額よりも 2021 年度と比べての 2022 年度の基礎価格の増加額の方が
大きいことが把握できるのである。これに加えて疾病率や失業者、人口密度、
島しょ部、スウェーデン語などの各財政需要費目の基礎価格も上昇したた
め、基本財政需要額は大きく伸長した。2021 年度の基本財政需要額は 269
億 845 万ユーロだったが、2022 年度は 309 億 759 万ユーロと大幅に増加
したのである（図表 6-2）。

　ところが、財政需要額が大幅に上昇したものの、2022 年度の一般補助金
総額の伸びは小さかった。一般補助金総額は 2015 年度から 2019 年度まで
は 85 億ユーロ台前後とほぼ横ばいで推移し、また、2020 年度に加算・控
除をめぐる制度改革が行われたため一般補助金総額は減少し、2020 年度、
2021 年度、2022 年度は、いずれの年度においても、70 億ユーロ台で推移
している。2022 年度の一般補助金総額は 79 億ユーロ台であり、2021 年
度（76 億ユーロ台）に比べて、それほど大きな増加額になっていないこと
がわかるのである（図表 6-3）。

　各財政需要費目の基礎価格が大幅に上昇すれば財政需要額も大幅に増加
する。そこで、本来ならば 2022 年度の一般補助金総額は 2021 年度に比べ
て大幅に増加するはずであった。しかし、実際はそうはならず、一般補助金
総額は 2021 年度に比べて少額の増加にとどまったのである。この理由は、
基本財政需要額分の国負担割合の大幅な減少と、自治体負担割合の大幅な増
加、つまり、自治体が自己財源で負担すべき住民 1 人当たり額の大幅な増
加が図られたからである。

　この点を詳しくみるために、基本財政需要額についての国負担割合と自
治体が自己財源で負担すべき住民 1 人当たり額（全自治体同額）の変化を
示した図表 6-4 をみてみよう。自治体が自己財源で負担すべき住民 1 人当
たり額は、2015 年度から 2021 年度までは 3,500 ユーロ台、3,600 ユーロ台、
3,700 ユーロ台のいずれかで推移したが、2022 年度は前年度に比べて一挙
に 15% 増加して 4,291.05 ユーロになった。また、これとの関連で、2015
年度から 2021 年度まで継続して 25% 台で推移してきた基本財政需要額分

に関する国負担割合は、2022年度に2.08ポイント低下して23.59%になった。このため、基本財政需要額が増加しても、一般補助金総額は70億ユーロ台後半で収まったのである。

図表6-4　基本財政需要分についての国負担割合と自治体が自己財源で負担すべき
　　　　住民1人当り額（全自治体同額）

年度	基本財政需要分に関する国負担割合	自治体が自己財源で負担する額(1人当たり額)
2010	34.08%	2581.36 ユーロ
2011	34.11%	2,638.32 ユーロ
2012	31.42%	3,001.49 ユーロ
2013	30.96%	3,136.92 ユーロ
2014	29.57%	3,282.60 ユーロ
2015	25.44%	3,526.93 ユーロ
2016	25.61%	3,636.07 ユーロ
2017	25.23%	3,627.38 ユーロ
2018	25.34%	3,600.27 ユーロ
2019	25.37%	3,524.51 ユーロ
2020	25.46%	3,654.72 ユーロ
2021	25.67%	3,747.29 ユーロ
2022	23.59%	4,291.05 ユーロ

（注）2016年度は2016年9月26日に行われた数値改定後のもの。
［出所］2010-2021年度はSuomen Kuntaliitto "Kunnan peruspalvelujen valtionosuus vuonna 2021" をはじめ同文献の各年度版。2022年度はValtiovarainministerio"Kunnan perus palvelujen valtionosuus vuonna 2022".

4　2022年度一般補助金の実績（1）
─各財政需要費目の需要額計算の仕組みの分析

（1）　年齢構成別人口

　基本財政需要額を検証するために、年齢構成別人口についてみてみよう（**図表6-5**）。2022年度の年齢構成別人口の合計基本財政需要額は215億2,756

図表 6-5　年齢構成別人口と財政需要額

(2022 年度予算)

	全体	0〜5 歳	6 歳	7〜12 歳	13〜15 歳
人口数 （人） （%）	5,503,664 (100%)	302,155 (5.5%)	59,020 (1.1%)	371,690 (6.8%)	183,191 (3.3%)
1 人当たり 基礎価格 （ユーロ）		9,713.30	10,305.71	8,595.88	14,733.47
財政需要額 （ユーロ） （%）	21,527,560,787 (100%)	2,934,922,162 (13.6%)	608,243,004 (2.8%)	3,195,002,637 (14.8%)	2,699,039,103 (12.5%)
	16〜18 歳	19〜64 歳	65〜74 歳	75〜84 歳	85 歳以上
人口数 （人） （%）	177,743 (3.2%)	3,160,858 (57.4%)	704,249 (12.8%)	390,665 (7.1%)	154,093 (2.8%)
1 人当たり 基礎価格 （ユーロ）	4,728.28	1,157.20	2,306.18	6,457.36	22,359.23
財政需要額 （ユーロ） （%）	840,418,672 (3.9%)	3,657,744,878 (17.0%)	1,624,124,959 (7.5%)	2,522,664,544 (11.7%)	3,455,400,828 (16.0%)

［出所］Valtiovarainministeriö "Kunnan peruspalvelujen valtionosuus vuonna 2022".

万ユーロで、基本財政需要額全体（309 億 759 万ユーロ）の約 7 割を占めた。年齢構成別人口の年齢階層は 9 つに分かれ、「19-64 歳」がフィンランドの総人口の 57.4%、次に「65-74 歳」が 12.8% を占め、この 2 つの年齢階層で総人口の約 7 割を占めている。これに続くのが「75-84 歳」の 7.1%、「7-12 歳」の 6.8%、「0-5 歳」の 5.5% であった。「65-74 歳」、「75-84 歳」、「85 歳以上」の高齢者人口の合計は総人口の 22.7%、若年層にあたる「0-5 歳」、「6 歳」、「7-12 歳」、「13-15 歳」、「16-18 歳」の合計は総人口の 19.9% だった。なお、「6 歳」は就学前教育を受ける年齢階層ということで単独の年齢として設定されている。

　各年齢階層の 1 人当たりの基礎価格をみると、最も金額が大きいのは、「85 歳以上」の 2 万 2,359 ユーロ、2 位が「13-15 歳」の 1 万 4,733 ユーロ、続いて「6 歳」の 1 万 305 ユーロ、「0-5 歳」の 9,713 ユーロ、「7-12 歳」の 8,595 ユーロ、「75-84 歳」の 6,457 ユーロであった。「85 歳以上」

は介護や医療、とくに医療の支出が大きくなるため、さまざまな医療・介護政策や、病院や診療所の整備・運営費などの支出で自治体の負担が大きくなる。「13-15 歳」と「7-12 歳」は基礎教育を受ける年齢階層であり、自治体による教育条件の整備が必要になるため、財政需要が大きくなる。「6 歳」は就学前教育を受ける年齢階層である。フィンランドでは 2015 年度から 6歳児を対象に基礎教育学校就学前の 1 年間に提供される教育プログラム（1日 4 時間、年間 700 時間相当の独立したプログラム）の実行が自治体に義務づけられている [3]。このため、自治体は基礎教育学校もしくは民間の保育所等への委託によって、就学前教育を実施しなければならないので、「6 歳」の 1 人当たりの基礎価格が大きくなっているのである。

　「0-5 歳」の場合は、当該年齢階層の多くが保育所等の保育サービスを利用するため、自治体がその整備や運営に努力したり、自治体サービスを民間保育所に委託するために高くなっている。「75-84 歳」については、高齢者介護と医療のニーズを反映しているが、「85 歳以上」が医療の比重が高いのに比べて、「75-84 歳」は「85 歳以上」に比べて介護の比重が高いことが予測できるので、「85 歳以上」よりも基礎価格が少額となっており、財政需要額も小さくなっている。

　各年齢階層の 1 人当たりの基礎価格に人口数を乗じた各年齢階層の財政需要額は、「19-64 歳」の 36 億 5,774 万ユーロが最大で、続いて「85 歳以上」の 34 億 5,540 万ユーロとなっている。前者は 1 人当たり額は小さいけれども当該人口数が多いからであり、後者は当該人口数はそれほど多くなかったけれども、1 人当たりの基礎価格が大きかったことによるものである。「85歳以上」の人口数は全人口数のわずか 2.8% だが、その財政需要額はすべての年齢階層の財政需要額の 16.0% を占めているのである。

（2）　失業者

　失業者に関する分の基本財政需要額についてみてみよう。フィンランド

図表 6-6　失業者に関する基本財政需要額の算定

(2022 年度予算)

	所属 Maakunta	人口数（人）	失業者の求職者数（人）(A)	就業者数（人）(B)	(A) ÷ (B)	乗数	基本財政需要額（ユーロ）
フィンランド全体		5,503,664	340,638	2,614,701	13%	1.00	567,658,581
上位5自治体 Luoto	Pohjanmaa	5,534	98	2,410	4%	0.31	178,503
上位5自治体 Närpiö	Pohjanmaa	9,558	213	4,406	5%	0.37	366,522
上位5自治体 Pedersöre	Pohjanmaa	11,174	282	5,261	5%	0.41	475,102
上位5自治体 Kruunupyy	Pohjanmaa	6,416	178	3,013	6%	0.45	300,665
上位5自治体 Kristiinankaupunki	Pohjanmaa	6,404	164	2,728	6%	0.46	305,385
下位5自治体 Ilomantsi	Pohjois-Karjara	4,749	350	1,882	19%	1.43	700,584
下位5自治体 Enontekiö	Lappi	1,808	164	859	19%	1.47	273,808
下位5自治体 Outokumpu	Pohjois-Karjara	6,552	509	2,572	20%	1.52	1,028,533
下位5自治体 Pelkossenniemi	Lappi	931	80	404	20%	1.52	146,236
下位5自治体 Savukoski	Lappi	1,009	88	444	20%	1.52	158,631

（注1）上位5自治体とは (A) ÷ (B) の値が低い5自治体、下位5自治体とは (A) ÷ (B) の値が高い5自治体をいう。
（注2）(A) ÷ (B) の値と乗数は四捨五入した数値。
［出所］ Valtiovarainministeriö "Kunnan peruspalvelujen valtionosuus vuonna2022".

全体では失業者中の求職者数は34万638人、就業者数は261万4,701人であった。後者で前者を除せば、フィンランド全体の求職率は約13%となる。そこで、各自治体において失業者中の求職者数と就業者数を求めたうえで、同様に後者で前者を除す作業を行えば、最も低い数値がLuoto自治体の4%、最も高い数値がSavukoski自治体の20%だった（**図表6-6**）。Luoto自治体が最も雇用状況が良好であり、その反対にSavukoski自治体が最も雇用状況が良くなかったことが示されているのである。

　さらに、各自治体の乗数が計算される。フィンランド全体の求職率である13%が乗数1.00になるため、各自治体の乗数は各自治体の求職率の数値を0.13で除して求められることになる。例えば、Enontekiö自治体の場合は、164÷859÷0.13=1.4686が乗数となるのである。そこで、Enotekiö自治体の失業者に関する基本財政需要額は、1,808（人口数）×103.34（1人当たり基礎価格）×1.4686（乗数）＝27万3,808ユーロとなるのである。雇用状況が良好ではない自治体では、雇用政策や、生活保護（社会援助）などの社会福祉政策が重要となるため基本財政需要額が高くなるのである。なお、下位5自治体中3自治体では同じ数値の求職率と乗数が示されているが、筆者は小数点未満の数値を計算して順位づけを行った。

（3）　人口密度

　人口密度分の基本財政需要額の算定についてみてみよう。一般に人口密度が低い自治体の方が人口密度の高い自治体よりも行政効率が良好ではない。上・下水道や道路、福祉施設、学校などの教育施設等の整備・維持管理のコストが、前者の自治体の方が後者の自治体よりも重い負担としてのしかかるからである。そこで、基本財政需要額の計算では、人口密度の低い自治体の方が基本財政需要額が大きくなるように設定されているのである。

　まず、フィンランド全体の人口密度と各自治体の人口密度を用いて、各自治体の人口密度乗数が求められる。具体的にはフィンランド全体の人口密度

図表 6-7-1　人口密度分の基本財政需要額の算定（人口密度が高い自治体）

（2022 年度予算）

自治体名	人口（人）	面積（km²）	人口密度	乗数	人口密度分の基本財政需要額（ユーロ）
フィンランド全体	5,503,664	302,381	18.2	1.00	223,870,304
Helsinki	656,920	214.3	3,065.6	0.01	175,514
Vantaa	237,231	238.4	995.2	0.02	195,233
Espoo	292,796	312.3	937.5	0.02	255,813
Järvenpää	44,455	37.5	1,184.2	0.02	30,747
Kauniainen	10,178	5.9	1,728.0	0.01	4,824
Kerava	37,105	30.6	1,211.4	0.02	25,087
Raisio	24,407	48.8	500.6	0.04	39,937
Turku	194,391	245.7	791.3	0.02	201,207
Tampere	241,009	524.9	459.1	0.04	429,951
Lahti	119,984	459.5	261.1	0.07	376,345

図表 6-7-2　人口密度分の基本財政需要額の算定（人口密度が低い自治体）

（2022 年度予算）

自治体名	人口（人）	面積（km²）	人口密度	乗数	人口密度分の基本財政需要額（ユーロ）
Enontekiö	1,808	7,952.6	0.2	20.00	1,627,200
Inari	6,862	15,056.3	0.5	20.00	6,175,800
Kittilä	6,436	8,095.1	0.8	20.00	5,792,400
Pelkosenniemi	931	1,836.4	0.5	20.00	837,900
Salla	3,407	5,729.7	0.6	20.00	3,066,300
Savukoski	1,009	6,439.7	0.2	20.00	908,100
Sodankylä	8,266	11,692.8	0.7	20.00	7,439,400
Utsjoki	1,219	5,146.0	0.2	20.00	1,097,100
Puolanka	2,491	2,461.2	1.0	17.98	2,015,842
Ranua	3,712	3,453.4	1.1	16.93	2,828,510
Pesio	3,117	3,039.6	1.0	17.75	2,489,547

（注1）乗数は全国の人口密度（18.2）を各自治体の人口密度で除したものだが 20.0 が上限である。
（注2）1 人当たり基礎価格（45.0 ユーロ）に人口数と乗数を乗じたものが各自治体の人口密度分の
　　　基本財政需要額である。
（注3）図表の乗数は四捨五入してあるため（注2）の計算で用いられる乗数はもっと細かい数値と
　　　なっている。
［出所］Valtiovarainministeriö " Kunnan peruspalvelujen valtionosuus vuonna 2022".

である 18.2 を各自治体の人口密度で除すことによって乗数が得られるのである。**図表 6-7** では、人口密度が高い上位 10 自治体（10 自治体の中での順位はつけていない）と、人口密度が低い方から 1 位—11 位の自治体（11 自治体の中での順位はつけていない）が示されている。例えば、Helsinki 自治体の場合は、18.2 を人口密度である 3065.6 で除すことによって 0.01 という乗数が導き出され、Enontekiö 自治体の場合は 18.2 を人口密度である 0.2 で除すことによって 91 という数値が得られるのである。ただし、乗数の上限は 20.0 と決められているため、Enontekiö 自治体の乗数は 20.0 であった。このような乗数が 20.0 となっている自治体は、Enontekiö 自治体を含めて 8 自治体存在したのである。

次に、各自治体の人口数に人口密度についての基礎価格（45 ユーロ）を乗じ、それによって得られた金額に、乗数を乗じて人口密度分の基本財政需要額が計算される。例えば、Enontekiö 自治体の基本財政需要額は、1,808（人口数）× 45（1 人当たり基礎価格）× 20.0（乗数）=162 万 7,200 ユーロとなり、Espoo 自治体の基本財政需要額は 292,796（人口数）× 45（1 人当たり基礎価格）× 0.02（乗数）= 25 万 5,813 ユーロとなるのである。なお、人口密度分の基本財政需要額の合計額は 2 億 2,387 万ユーロであった。

（4） 島しょ部

島しょ部の基本財政需要額の算定についてみてみよう。フィンランドではその全域が島しょ部の自治体と一部地域が島しょ部になっている自治体について財政的な配慮が行われている。島しょ部であれば、港の整備と維持、交通機関（船）が独自に必要となるなど、コストがかかる[4]。フィンランドでは全域が島しょ部の自治体が 8 自治体、一部地域が島しょ部の自治体が 40 存在する。**図表 6-8** では、全域が島しょ部の自治体がすべて掲載され、一部地域が島しょ部の自治体については、島しょ部の人口数が多い 8 自治体が掲載されている。後者では、Porvoo（人口 5 万 619 人）、

図表 6-8-1　島しょ部に関係する基本財政需要額の算定（全域が島しょ部の自治体）

(2022 年度予算、人、ユーロ)

自治体名	所属 Maakunta	島しょ部の人口	島しょ部関係の基本財政需要額
Enonkoski	Etelä-Savo	1,369	600,265
Hailuoto	Pohjois-Pohjanmaa	949	1,248,324
Kustavi	Varsinais-Suomi	962	421,808
Kemiönsaari	Varsinais-Suomi	6,609	2,897,848
Parainen	Varsinais-Suomi	15,105	6,623,089
Maalahti	Pohjanmaa	5,451	2,390,100
Puumala	Etelä-Savo	2,137	937,010
Sulkava	Etelä-Savo	2,482	1,088,283

図表 6-8-2　島しょ部に関係する基本財政需要額の算定（一部が島しょ部の自治体）

(2022 年度予算、人、ユーロ)

自治体名	所属 Maakunta	島しょ部の人口	島しょ部関係の基本財政需要額
Hirvensalmi	Kainuu	1,679	538,539
Luoto	Pohjanmaa	2,067	669,405
Mustasaari	Pohjanmaa	2,114	678,066
Naantali	Varsinais-Suomi	4,242	1,360,622
Porvoo	Uusimaa	1,723	552,652
Raasepori	Uusimaa	1,784	502,218
Savonlinna	Etelä-Savo	4,858	1,558,204
Taipalsaari	Etelä-Karjala	2,086	669,085

（注1）全域が島しょ部の自治体の場合、1人当たり基礎価格は438.47ユーロである。
（注2）一部地域が島しょ部の自治体の場合、1人当たり基礎価格は320.75ユーロである。
（注3）全域が島しょ部の自治体は全部で8自治体、一部地域が島しょ部の自治体は40ある（図表に
　　　おいては人口の多い上位8自治体を掲載）。
［出所］Valtiovarainministeriö "Kunnan peruspalvelujen valtionosuus vuonna 2022".

　Savonlinna（人口数 3 万 2,662 人）、Raasepori（人口数 2 万 7,528 人）な
ど中規模自治体が含まれている。また、全域が島しょ部の自治体において
は、Varsinais-Suomi Maakunta や Pohjanmaa Maakunta、Pohjois-Pohjan-
maa Maakunta などに属している海上自治体ばかりではなく、Etelä-Savo
Maakunta に属している湖沼上の自治体も存在している。

　全域が島しょ部の各自治体の基本財政需要額は、各自治体の人口数に 1
人当たり基礎価格（438.47 ユーロ）を乗じた額となる。湖沼上の自治体で

ある Enonkoski の場合は、1,369（人口数）× 438.47（1 人当たり基礎価格）
=60 万 265 ユーロが基本財政需要額となる。

　一部地域が島しょ部の各自治体の基本財政需要額は、各自治体の中で島
しょ部に居住する人口数に基礎価格（320.75 ユーロ）を乗じた額となる。
例えば、Savonlinna 自治体の島しょ部人口は 4,858 人のため、4,858 ×
320.75=155 万 8,204 ユーロとなるし、首都の Helsinki からバスで 1 時間
ほどの古い歴史をもつ Porvoo 自治体の場合は、1,723 × 320.75=55 万 2,652
ユーロとなるのである。

　以上のようにして島しょ部の基本財政需要額が算出される。そして、これ
に年齢構成別人口や疾病率、失業者、人口密度等の基本財政需要額を合算し
て、各自治体の基本財政需要額の総額が求められるのである。

（5）　付加的財政需要額（遠隔地とサーミ人）

　付加的財政需要額は、遠隔地に指定された自治体や、サーミ人が居住す
る自治体などの特別な財政需要が斟酌されるものである。**図表 6-9** をみな
がら付加的財政需要額に関する財政需要費目のうち、遠隔地とサーミ人への
対応について検討しよう。

　遠隔地に指定された自治体はフィンランドの全自治体数の約 4 割に当たる
121 である。遠隔地といってもその程度は異なっており、例えば、人口数が
3 万 2,622 人の Savonlinna 自治体のような都市 もあれば、最北地域の Utsjo-
ki 自治体（1,219 人）のような超過疎自治体もある。フィンランドでは、当
該市町村がどの程度の遠隔地であるのかを数値化して示し、その数値を 5 年
ごとに見直している。2022 年度は見直しを行った最初の年度に当たっていた。

　遠隔地の度合（遠隔地度）が高いほど数値が大きくなっていて、最も
数値が大きいのは Utsjoki 自治体の 1.9467、続いて Enontekiö 自治体の
1.9083、3 位が Savukoski 自治体の 1.9019 だった。これらの 3 自治体は、
いずれも最北部の Lappi Maakunta に属している。遠隔地度が大変高い自治

図表 6-9 付加的財政需要要額（遠隔地とサーミ人への対応）

(2022 年度予算、人、ユーロ)

自治体名	人口数 (2020 年 12 月 31 日現在)	遠隔地度	遠隔地に関する一般補助金額 (A)	サーミ人への対応に関する一般補助金額 (B)	(A) + (B)
Enontekiö	1,808	1.9083	2,343,380	526,217	2,869,597
Hyrynsalmi	2,199	1.5261	2,279,323	0	2,279,323
Inari	6,862	1.5766	7,348,013	1,368,738	8,716,751
Kittilä	6,436	1.5759	6,888,781	0	6,888,781
Kolari	3,925	1.7234	4,594,343	0	4,594,343
Muonio	2,297	1.7764	2,771,401	0	2,771,401
Pelkosenniemi	931	1.7057	1,078,574	0	1,078,574
Posio	3,117	1.5721	3,328,240	0	3,328,240
Puolanka	2,491	1.7195	2,909,200	0	2,909,200
Ranua	3,712	1.6934	4,269,384	0	4,269,384
Salla	3,407	1.7481	4,045,164	0	4,045,164
Savukoski	1,009	1.9019	1,303,396	0	1,303,396
Vaala	2,737	1.5075	2,802,398	0	2,802,398
Pello	3,304	1.6961	3,806,179	0	3,806,179
Utsjoki	1,219	1.9467	1,611,760	1,469,381	3,081,141
Ylitomio	3,890	1.6127	4,260,895	0	4,260,895
全自治体	5,503,664	—	136,866,111	3,741,026	140,607,137

(注1) 遠隔地度の数値が大きいほど遠隔地度が高い。図表6-9では遠隔地度が1.5以上の自治体のみを掲げた。
(注2) サーミ人への対応に関する一般補助金を交付されたのは上記3自治体のほかにSodankylä自治体（人口8,226人、Lappi Maakuntaに所属、遠隔地度は1.4109、交付額376,691ユーロ）があった。同自治体の遠隔地度の一般補助金に関する一般補助金額は3,960,585ユーロだった。
(注3) 遠隔地度に関する一般補助金における1人当たりの基礎価格は226.40ユーロ、サーミ人への対応に関する一般補助金における1人当たり基礎価格は2,857.50ユーロだった。
(注4) 図表6-9の自治体のうちHyrynsalmi、Puolanka、Vaalaが Kainuu Maakuntaに属し、残りの自治体はすべてLappi Maakuntaに属している。
[出所] Valtiovarainministeriö "Kunnan peruspalvelujen valtionosuus vuonna 2022".

体（数値が 1.5 以上の自治体）は 16 存在した。先の Savonlinna 自治体の場合は 0.2220 だった。なお、数値が 0 の自治体は遠隔地として扱われず、一般補助金の交付対象にはならない。

一般補助金は遠隔地に指定されたすべての自治体に交付されるが、交付額の計算は当該自治体の人口数（2020 年 12 月 31 日現在）に 1 人当たりの基礎価格（226.40 ユーロ）を乗じたうえで、遠隔地度を示す数値と乗数を乗じて計算される。例えば、Enonkoski 自治体（人口数が 1,369 人、遠隔地度の数値は 0.2377）の場合は、1,369 × 226.40 × 0.2377 × 1 = 7 万 3,673 ユーロが一般補助金の交付額となる。また、Enontekiö 自治体（人口数が 1,808 人、遠隔地度の数値は 1,9083）の場合は、1,808 × 226.40 × 1.9083 × 3 = 234 万 3,380 ユーロが一般補助金の交付額となるのである。

遠隔地に指定された自治体の財政需要額の合計額は 1 億 3,686 万ユーロだった。基本財政需要額では基本財政需要額から自治体が負担すべき額が差し引かれて一般補助金額が計算されるが、付加的財政需要額ではその財政需要額がダイレクトに一般補助金額になる。遠隔地に関する一般補助金額の最大は Inari 自治体（人口 6,862 人、遠隔地度の数値 1.5766）の 734 万ユーロ、つづいて Kittilä 自治体（人口 6,436 人、遠隔地度の数値 1.5759）の 688 万ユーロであった。これらの自治体は Utsjoki 自治体（人口 1,219 人）や Enontekiö 自治体（人口 1,808 人）よりも遠隔地度が低かったけれども、人口数が多かったため一般補助金の交付額が大きくなっていたのである。そして、遠隔地度が高い 16 自治体の所属 Maakunta をみてみると、そのほとんどの自治体（13 自治体）が最北部の Lappi Maakunta に所属していた。残りの 3 つの自治体については、過疎化が著しく進んでいる北東部の Kainuu Maakunta に所属していた。

サーミ人への対応については、一般補助金の交付対象になる自治体はわずか 4 自治体にすぎず、一般補助金の交付額も 374 万ユーロと少額であった。サーミ人への対応に関する一般補助金の交付を受けたのは、いずれも Lappi Maakunta に所属する Enontekiö 自治体（52 万 6,217 ユーロ）、Inari 自治体

（136 万 8,738 ユーロ）、Sodankylä 自治体（37 万 6,691 ユーロ）、Utsjoki
自治体（146 万 9,381 ユーロ）であった。これらの 4 自治体はいずれも遠
隔地の指定も受けている。Sodankylä 自治体の遠隔地の度合の数値は 1.4109
だったが、それ以外の 3 自治体はいずれも 1.5 以上だった。Sodankylä 自治
体が受け取った遠隔地に関する一般補助金額は 396 万 585 ユーロだった。

　図表 6-10 は、付加的財政需要額の比重が高い自治体のうち上位 8 自治体
を示している。その中で Utsjoki 自治体 は付加的財政需要額が基本財政需要
額（基本財政需要額の国負担分）を上回った唯一の自治体であることが把握
できるのである。

図表 6-10　付加的財政需要額の比重が高い自治体（上位 8 自治体）の状況

（2022 年度予算、人、ユーロ）

自治体名	所属 Maakunta	人口数	人口密度	基本財政 需要額（A）	付加的財政 需要額（B）	(B)÷(A)
Utsjoki	Lappi	1,219	0.2	2,687,892	3,126,848	116.3
Enontekiö	Lappi	1,808	0.2	3,733,403	2,929,317	78.4
Inari	Lappi	6,862	0.5	13,273,772	9,010,211	67.8
Kolari	Lappi	3,925	1.5	7,498,479	4,741,557	63.2
Muonio	Lappi	2,297	1.2	4,872,681	2,875,812	59.0
Kittilä	Lappi	6,436	0.8	12,487,871	7,217,582	57.7
Savukoski	Lappi	1,009	0.2	2,320,994	1,339,002	57.6
Pelkosenniemi	Lappi	931	0.5	2,626,346	1,124,794	42.8

（注1）人口数は2020年12月31日現在。
（注2）基本財政需要額は国が負担する部分の金額、つまり一般補助金額の基本財政需要分の金額である。
［出所］Valtiovarainministeriö "Kunnan peruspalvelujen valtionosuus vuonna 2022".

5　2022 年度一般補助金の実績（2）
―財政力の算定と不交付自治体の分析

（1）　財政力の算定（税収格差是正分の算定）

　すでにみた**図表 6-3** から判断できるように、財政力の算定分（税収格差是正分）の金額は、2015 年度以降、6 億ユーロ台後半か 7 億ユーロ台で推移している。2022 年度は 7 億 8,968 万ユーロとなっており、2015 年度以降の傾向を踏襲している。2022 年度の拠出自治体数は 25、受取自治体数は 268 だったので、2022 年度の拠出自治体数が 2021 年度に比べて 3 自治体減少したことが把握できる。

　図表 6-11 では、財政力が高い自治体のうちの上位 3 自治体と財政力の低い下位 3 自治体、それに原子力発電所や原子力関連施設が集中して立地している Eurajoki 自治体の合わせて 7 自治体の財政力の算定が示されている。2022 年度の自治体の財政力は計算上の 1 人当たり地方税額（2020 年度決算）で示される。計算上の地方税額は計算上の地方所得税額、国税法人所得税額の自治体分、計算上の不動産税額の合計である。計算上の地方所得税とは、各自治体が実際に住民に課している地方所得税率ではなく、全自治体の平均地方所得税率（2022 年度は 19.97%）で計算された地方所得税額である。計算上の不動産税額についても全自治体の平均税率が求められるが、財政力の算定で計算上の不動産税が用いられるのは、原子力発電所や原子力関連施設のある Eurajoki と Loviisa の 2 自治体のみであった。また、国税である法人所得税の約 2 割が自治体に交付されるシステムとなっているが、財政力算定においては各自治体が実際に受取った法人所得税が用いられる。

　すべての自治体の計算上の地方税額の合計額は 223 億 2,959 万ユーロで

図表 6-11　税収格差是正のための自治体間調整のしくみ（2022 年度）

自治体	自治体の所属する Maakunta	地方所得税率 (%)	人口 (2020 年 12 月 31 日現在)	計算上の地方所得税収 (2020 年度決算、ユーロ)	法人所得税の自治体分 (2020 年度決算、ユーロ)	計算上の不動産税収 (2020 年度決算、ユーロ)	計算上の地方税収 (2020 年度決算、ユーロ) 総額（ユーロ）	計算上の地方税収 1 人当たり額（ユーロ）	基準値と計算上の地方税収との差額（ユーロ）	2022 年度 1 人当たり調整額（ユーロ）	2022 年度 調整額（ユーロ）
全自治体	–	19.97	5,495,408	20,027,996,322	2,290,437,581	11,157,274	22,329,591,177	4,063.32	0	144	789,687,442
Kauniainen	Uusimaa	17	9,797	75,208,848	1,221,455	0	76,430,303	7,801	-3,738	-1,429	-13,999,229
Espoo	Uusimaa	18	289,731	1,489,619,489	158,956,170	0	1,648,575,659	5,690	-1,627	-608	-176,241,585
Helsinki	Uusimaa	18	653,835	3,055,164,277	602,340,732	0	3,657,505,009	5,594	-1,531	-571	-373,619,487
Perho	Keski-Pohjanmaa	21.5	2,759	6,014,730	849,759	0	6,864,489	2,488	1,575	1,260	3,476,969
Raakkylä	Pohjois-Karjara	21.5	2,126	4,595,044	663,096	0	5,258,140	2,473	1,590	1,272	2,704,383
Merijarvi	Pohjois-Pohjanmaa	22	1,089	2,197,537	163,795	0	2,361,332	2,168	1,895	1,516	1,650,899
Eurajoki	Satakunta	18	9,402	32,910,338	3,123,402	9,297,445	45,331,185	4,821	-758	-278	-2,610,992

（注1）基準値を計算上の地方税収入額が上回った場合は、マイナス（-）として表わしている。
（注2）調整額は自治体が受取る税収格差是正分の一般補助金額を表わしている。
（注3）調整額がマイナス（-）の場合は、当該自治体は一般補助金額マイナスとなった金額分だけ減額される。
（注4）計算上の不動産税収入は原子力発電所や原子力関連施設のあるEurajoki自治体とLoviisa自治体においてのみ計上される。
（注5）計算上の地方所得税収入とは、各自治体の平均地方所得税率（2020年度19.97%）で各自治体の地方所得税収入を計算した地方所得税のことである。
（注6）計算上の不動産税収入については（注5）と同様である。
[出所] Valtiovarainministeriö "Kunnan peruspalvelujen valtionosuus vuonna 2022".

あった。1 人当たりの金額は 4063.32 ユーロで、これが自治体間の税収格差是正を行う際の基準値になる。そして、基準値と計算上の地方税額との差額を計算し、基準値のほうが上回れば受取自治体（補助金が増額される自治体）、基準値のほうが下回れば拠出自治体（補助金が減額される自治体）になる。第 5 章の**図表 5-7** で示したように、受取自治体の場合、基準値から当該自治体の 1 人当たりの計算上の地方税額を差し引いた額に 80% を乗じて得た金額に当該自治体の人口数を乗じた金額が受取額（補助金増額分）になる。拠出自治体の場合は、当該自治体の 1 人あたりの計算上の地方税額から基準額を差し引いた額に「30% に自治体ごとに算定された加算割合を加えた分」を乗じて得た金額に当該自治体の人口数を乗じた額が拠出額（補助金減額分）となる。加算割合は、財政力が高い自治体ほど高く、フィンランドで財政力が最も高い Kauniainen 自治体は 8% が加算割合であった。

　図表 6-11 では、上記の計算方法によって得られた 7 自治体の数値が示されている。最も財政力の低い Merijärvi 自治体は 165 万 899 ユーロを財政力分（税収格差是正分）として受け取り、最も財政力が高い Kauniainen 自治体は 1,399 万 9,229 ユーロを拠出するのである。なお、上位 3 自治体と下位 3 自治体については、いずれも 2021 年度と同一の自治体であり、その中の順位についても変化がなかった。

　Eurajoki 自治体は拠出自治体であり、261 万ユーロを拠出したが、特徴的なことは計算上の不動産税が算定に加わっていることである。

（2）　不交付自治体

　フィンランドでは、富裕層が多く居住し、したがって潤沢な財源を有しているために一般補助金が交付されない自治体が 1 つだけ存在している。Kauniainen 自治体である。Kauniainen 自治体は、Uusimaa Maakunta に属し、面積が小さく人口密度が高い自治体である。近年継続して不交付自治体になっているのである。

図表 6-12　不交付自治体（Kauniainen 自治体）

(ユーロ)

年度	基本財政需要額	一般補助金のうちの基本財政需要分の金額(A)	基本財政需要分の金額に対する国の負担割合	税収格差是正分の金額(B)	加算・控除分の金額(C)	(A)＋(B)＋(C)	一般補助金額
2017	44,947,320	10,537,993	23.40%	マイナス12,942,493	マイナス588,532	マイナス2,993,032	0
2021	49,473,786	12,761,586	25.70%	マイナス13,869,189	マイナス1,134,118	マイナス2,241,721	0
2022	57,858,111	14,183,804	24.50%	マイナス13,999,229	マイナス1,042,833	マイナス858,258	0

（注）付加的財政需要額については加算・控除分に計上されている。
［出所］Suomen Kuntaliitto"Kunnan peruspalvelujen valtionosuus vuonna 2017".
　　　Suomen Kuntaliitto"Kunnan peruspalvelujen valtionosuus vuonna 2021".
　　　Valtiovarainministeriö "Kunnan peruspalvelujen valtionosuus vuonna 2022".

図表 6-12 をみてみよう。すでにみてきたように、一般補助金の交付額は、一般補助金のうちの基本財政需要分の金額、税収格差是正分の金額、加算・控除分の金額を合計したものである。図表 6-12 では、付加的財政需要額分が加算・控除分の金額の中に入っているので、図表の見方には注意しなければならない。2022 年度は基礎価格が大幅に上昇したため、Kauniainen 自治体の基本財政需要額も約 17% 増加した。また、一般補助金のうちの基本財政需要分の金額も 2021 年度よりも 142 万ユーロほど増加している。しかし、税収格差是正分の金額がマイナス 1,399 万 9,229 ユーロ、さらに加算・控除分もマイナス 104 万 2,833 ユーロのため、合計ではマイナス 85 万 8,258 ユーロとなっている。したがって、Kauniainen 自治体の場合、一般補助金が不交付となっているのである。

2022 年度の Kauniainen 自治体の地方所得税率は、フィンランドで最も低い 17.0% であった。富裕層が多く居住しているため、税率が低くても税収が確保されており、一般補助金の不交付自治体であっても自治体運営には支障がないと思われるのである[5]。

むすびにかえて

　フィンランドにおいては、1990年代半ばにはじまった緊縮基調の財政が、今日までほぼ維持されてきた。また、国─地方の財政関係もスリム化が志向され、包括補助金制度や一般補助金制度では、国庫支出金の伸びが抑制されるとともに、国庫支出金の使い道の自由度が増していった。2022年度は各財政需要費目に関する基礎価格がかなり上昇したが、国庫支出金はほとんど伸長しなかった。

　そして、次の第7章で詳しく述べるけれども、2023年1月にスタートするSOTE改革もまた、このような緊縮基調に歩調を合わせている。SOTE改革は、フィンランドにおいて今後一層進むことが予想される高齢化に対し、増税や経費の増大によって対処するのではなく、制度改革で対処しようとするものであったからである。

　さらに、SOTE改革は地方自治の大幅再編を企図している。当然のことながら、国庫支出金も大きく変化することになるだろう。第7章てSOTE改革を論じたうえで、あらためて一般補助金の将来について考えることにしよう。

第6章　2022年度のフィンランド一般補助金の動向と地理的条件等の地域実情を
　　　　配慮したいわゆる「補正」の検証

注

(1) 2010年度から2016年度までは横山純一『転機にたつフィンランド福祉国家—
高齢者福祉の変化と地方財政調整制度の改革』、第5章、第6章、第7章、2019
年1月、同文舘出版。2015年度から2019年度までは横山純一「フィンランド一
般補助金制度の動向（2015 - 2019）—地方財政調整に焦点をあてて」『自治総研』
2020年5月号、2020年5月、地方自治総合研究所。2020年度と2021年度は横
山純一「フィンランドの一般補助金制度と地方財政調整（2020年度—2021年度）」
『北海道自治研究』2021年4月号、2021年4月、北海道地方自治研究所。

(2) Aamuset urban media"Changes in central government transfers to basic
municipal services",2020. Suomen Kuntaliitto"Kuntien peruspalvelujen valtionosuus
lisaantyy noin 300 miljoonaa euroa vuodesta 2019 vuoteen 2020",2019. また、注
1の『北海道自治研究』所収の拙稿において Alajärvi 自治体を事例にして、新しい
システム下での補償額（2021年度）の計算のしくみを示したので、参照されたい。

(3) 渡邊あや「フィンランドにおける就学前教育の現状」『社会保障研究』第5巻3号、
2020年12月、国立社会保障人口問題研究所。

(4) フィンランドでは自治体の全域もしくは一部が島しょ部の自治体が48と多いた
め、航路・水路は、鉄道、路面電車、道路とともに重要な交通事業になっている。

(5) Kauniainen 自治体の国税所得税の納税者と地方所得税の納税者を分析した横山純
一前掲書を参照のこと。

第7章　フィンランドにおける保健医療福祉改革
　　　（SOTE 改革）と地方自治制度の大規模再編

1　アルエ（広域自治体）の創設と地方自治制度の大規模再編、財源の改革

　長い間議論されてきた保健医療福祉改革（SOTE 改革、以下 SOTE 改革と呼ぶ）が 2023 年度から実施されることになった。今後の国庫支出金制度や、国と地方の財政関係に大きな影響を与えることになるだろう SOTE 改革について、現時点で把握できていることを述べておこう。

　SOTE 改革は一言でいえば保健医療と社会福祉を統合したサービスの供給改革であり、そのための組織改革である。具体的には、国と自治体の 1 層制を改め、国と自治体の間に自治エリア（Alue、以下アルエと呼ぶ）をつくって 2 層制とし、これまで保健医療サービスや社会福祉サービスの供給の責任主体の役割を担ってきた自治体や自治体連合に代わり、アルエを法定サービス（社会福祉サービス、保健医療サービス、救助救急サービス）の供給の責任主体にする改革である[1]。つまり、事務事業の上部移管が行われるのである。

　アルエが供給する保健医療サービスと福祉サービスには次のものがあげられる。つまり、プライマリーヘルスケア、専門医療、病院サービス、歯科治療、メンタルヘルス、薬物乱用者対応のサービス、妊婦と子ども向けのクリニック、大人のためのソーシャルワーク、児童保護、障がい者向けサービ

ス、高齢者向け住宅サービス、ホームケア、リハビリテーションなどである [2]。これらのサービスについては、アルエ自らが直営サービスの提供を行ってもよいし、一部のサービスを除けば民間のサービスプロバイダーからサービスを購入することも可能である。

　アルエは全国で 21 設けられるが、これはほぼ Maakunta ベースでつくられているといってよい。このため Maakunta の中に複数の 2 次医療圏がある場合は、1 つのアルエに統合されることになる。第 1 章の図表 1－2 でみたように、フィンランドでは法律に基づいて 20 の 2 次医療圏が設立されている。そして、2 次医療圏ごとに、その各々に配置されている高度医療を行う拠点的な専門病院をはじめとする病院を運営する自治体連合がつくられており、このような 2 次医療圏に関する自治体連合に自治体が加入することが義務づけられている [3]。Etelä-Savo Maakunta には Etelä-Savon shp と Itä-Savon shp の 2 つの 2 次医療圏が存在するが、これらを構成する自治体は、SOTE 改革後は 2 次医療圏に関する自治体連合が廃止されるので Etelä―Savo　Alue に所属することになる [4]。また、Lappi Maakunta には Lapin shp と Länsi-Pohjan shp の 2 つの 2 次医療圏が存在するが、これらを構成する自治体は、SOTE 改革後は Lappi Alue に所属することになるのである。複数の 2 次医療圏がある Maakunta においては、専門病院の取り扱いなどで難しい調整を迫られた。とくに、その構成自治体数が少数の Länsi-Pojan shp では、中心自治体である Kemi 自治体にある専門病院に関する調整が難航したが、これが少なくとも 2032 年まで維持されることになったのである [5]。

　SOTE 改革に最初に取り組んだ中央党を中軸とした連立政権であるシピラ内閣（改革に失敗して辞任）の時は 18 の自治エリアが予定されていた [6]。SOTE 改革は現在の社会民主党を中軸とした連立政権であるマリン内閣のもとで実現したが、マリン内閣は人口の多い Uusimaa Maakunta においてアルエの数を増やしたため、アルエの数は 21 となったのである。Uusimaa Maakunta には 4 つのアルエが存在するのである。アルエは自治権、議会、財政・課税権を有する。なお、ヘルシンキ市は、アルエに所属せず、現行

のまま市民に対して保健医療サービス、社会福祉サービス、救助救急サービス等の供給を行う。したがって、ヘルシンキ市を含めれば法定サービスの供給の責任主体は22となるのである。2022年1月23日にアルエの最高意思決定機関にあたるアルエ議会議員の選挙が初めて行われたが、ヘルシンキ市はアルエに属さないためヘルシンキ市民は投票しなかった[7]。また、ヘルシンキ市とUusimaa Maakuntaの自治体で構成される2次医療圏にかかわる自治体連合は、2次医療圏にかかわるヘルシンキ市と4つのUusimaa Alueの連合体に名前が変わることになった[8]。

さらに、アルエは他のアルエとの協力・合意、例えば、他のアルエからのサービスの調達、アルエ同士が共同で機関を設置、アルエ同士が共同で所有する会社を設置・運営することなどで協力・合意が得られれば、他のアルエの領域内でサービスを組織し、サービスを供給することが認められることになった[9]。

注目されるべきは、SOTE改革が大規模な地方自治制度の改革をともなうことである。つまり、これまでの1層制下の自治体からアルエへの人材、設備、施設の大規模な移転が行われることになるのである。SOTE改革後も自治体は引き続いて保育所、教育、文化、スポーツサービスなどを担うことになるけれども[10]、事務事業の大幅な規模縮小は否めないため自治体の役割は小さくならざるをえないだろう。さらに、法律に基づいた2次医療圏にかかわる自治体連合だけではなく、複数の自治体が任意でつくることができる保健医療センターや老人ホームなどの自治体連合も廃止され、その事務事業もアルエに移管されるのである。そして、すべての保健医療・社会福祉担当者、自治体の教育部門で働くスクールソーシャルワーカー、学校勤務の心理学の専門家（スクールカウンセラー）などが、自治体や自治体連合からアルエの雇用に移管される。つまり、2023年には自治体と自治体連合の雇用者のうち約17万2900人がアルエの雇用に移ることが見込まれているのである[11]。

当分の間、アルエの経費支出をまかなう財源として主に国庫財源が活用され、これに利用者負担金等が加わることが見込まれている[12]。アルエ税

の徴収はしばらく見送られ、アルエには特別国庫補助金が交付されることにな
るだろう。特別国庫補助金は各アルエの人口数、サービスニーズの状況、救助
救急サービスのリスク度合などを斟酌して各アルエに交付される予定である。

　SOTE 改革では国民に増税を求めることはしないため、政府は国の税財源
収入を大幅に増やす一方で、自治体の税財源収入の大幅な減少を図ることに
なるだろう。実際、政府の発表によれば、すべての自治体において地方所得
税の税率が約 12.5 ポイント程度引き下げられるとともに、国税法人所得税
の自治体取得分も大幅に減少となり、国税法人所得税に関する国のシェアが
拡大される予定である [13]。現在の地方所得税率の全自治体の平均は約 20%
のため、自治体は現在の地方所得税収入の実に 6 割以上を失うことになる
のである。なお、一般補助金も含めて財政の全体像を鮮明に見渡すことがま
だできない状況にあるが、アルエ税には地方所得税が用いられることは明ら
かであり、アルエにおける地方所得税の導入時期は、2026 年度が有力となっ
ている [14]。

　さらに、社会保健省、内務省、財務省は毎年度各アルエと交渉を行うこ
とになっている。交渉の目的は各アルエの保健医療サービス、社会福祉サー
ビス、救急救助サービスの組織を、国が戦略的レベルで監視、評価、指導、
命令することにある。また、各アルエは年間の投資計画を策定するが、社会
保健省と内務省は、アルエに対してその計画を承認するか否かを決定するの
である [15]。

2　制度改革による経費支出の抑制、サービスの改善、
　　民間サービスプロバイダーの位置づけ

　SOTE 改革の主要な目的の 1 つは 1 次医療のサービスの改善であった。1
次医療を担う自治体立や自治体連合立の保健医療センターが供給するサービ

スの量や内容については、これまで自治体間や自治体内で明らかに相違がみられていたため、SOTE 改革では地域間不平等を減らすことが追求されたのである。さらに、1 次医療を担う自治体立や自治体連合立の保健医療センターには、住民が無料もしくは安い料金で診察を受けることができるため患者が殺到していた。これに対し、民間の医療施設は診療料金が高く施設数も少なかったが、自治体立や自治体連合立の保健医療センターに比べて診察までの待機時間が短かったため、富裕層を中心に一部の国民が利用していた。近年、フィンランドでは民間の保険会社の医療保険の加入者数が増加しているが、これは国民の間で現行の医療システムに対する信頼が低下してきていることを示すものといわれている[16]。このような中、シピラ内閣による改革は失敗に終わったけれども、シピラ内閣、とりわけ連立政権を組んだ国民連合党は選択の自由の拡大を強力に打ち出すとともに、これまでを上回る民間活用を推進するための条件整備を行おうと試みたのである。

　さらに、今後、フィンランドにおいては高齢化が一層進むことになるため経費支出の増大が予想され、高齢者医療や高齢者福祉の効率的な運用や経費支出の抑制に努めることが求められていた。このことも、SOTE 改革の重要な目的の 1 つだった[17]。今後、高齢者数の増加のなかで高齢化対応面での施策展開が厳しくなる自治体が出てくるだろうことが懸念されていたのである。そこで、このような課題に対処するために、広域自治体としてのアルエがつくられたのである。今後増大が見込まれる保健医療費と社会福祉費に対して、SOTE 改革ではこれまでとられてきた緊縮基調の財政路線が踏襲されており、経費支出の増加や増税を志向することで対処するのではなく、「制度改革により経費の伸びを抑制することが試みられた」[18]ということができるのである。

　なお、シピラ内閣が主導した SOTE 改革と、今回法案を成立させた社会民主党や左翼同盟等の連立政権が主導した SOTE 改革とでは、改革に関する問題意識や理念、いくつかの課題の解決方法などで共通している部分が少なくなかったけれども、民間活用や市場原理の受け入れ方の点では違いがみら

れた。シピラ内閣では、連立を組む国民連合党を中心に市場原理や民間の積
極的活用、選択の自由が強調されたが、マリン内閣ではこれが後退し、公の
主導的役割が強調されたのである。例えば、連立政権（マリン内閣）に加わっ
ている左翼同盟のアンデション（Li・Anderssion）教育文化大臣は、今回の
政府案において公による民間規制が強まった点を高く評価した[19]。ただし、
民間サービスや市場原理を全否定しているわけではない。政府は公的サービ
スを民間サービスで補完することを不可能にするようなことは計画していな
いとアンデションは述べ、民間のサービスプロバイダーのサービス供給の役
割を保証したのである。さらに、地域がサービスを組織する責任を果たすこ
とができるように、各アルエが公的サービスの生産と開発を十分に行うこと
が必要であるとし、アルエの直営サービスの重要性を説明したのである[20]。
そして、このような認識は、すべての与党のほぼ共通認識であったというこ
とができるだろう[21]。

　法律で禁じられていない限り、これまでの自治体がそうであったように、
アルエは民間のサービスプロバイダーからサービスを購入することができる
が（例えば社会福祉法に基づいた訪問介護サービス、ホームケアサービス、
住宅サービス、施設サービスなど）、全体的にはサービスは主に公共の手に
ゆだねられているとするのが、マリン内閣の SOTE 改革の特徴であった。例
えば、24 時間体制のプライマリーヘルスケア、24 時間体制の専門医療、救
助救急医療、24 時間体制の社会福祉サービス、ソーシャルワークなどにつ
いては、民間のサービスプロバイダーからサービスを調達することを、アル
エは禁じられているのである[22]。

　なお、マリン内閣は、とくに 1 次医療を重視し、医師の確保と医師の大
幅な増員を図ることをめざしている。そして、新しくできる保健医療福祉セ
ンターを強化し、プライマリーヘルスケア、口腔ケア、ホームケア、ソーシャ
ルワーク、メンタルヘルス、薬物乱用対策、外来リハビリ、慢性疾患、産婦
人科病、児童保護等を行うとともに、診療のための待機時間の縮小を打ち出
している。

SOTE 改革は 2023 年 1 月にスタートする予定である。与野党問わず各政党は SOTE 改革によって増税が行われることには否定的である。だが、その一方で、マリン内閣が重視する 1 次医療を担う保健医療福祉センターについては、医療サービスの拡大や診察待機時間の改善等のために医師の確保と医師の大幅な増員が必要になっている [23]。そこで、どのような対応が行われるのかが注目されるのである。

3　SOTE 改革と国庫支出金制度の展望

フィンランドにおいては、1990 年代半ばにはじまった緊縮基調の財政が、今日までほぼ維持されてきた。また、国―地方の財政関係もスリム化が志向され、国庫支出金の伸びが抑制されるとともに、国庫支出金の使い道の自由度が増していった。そして、2023 年 1 月にスタートする SOTE 改革もまた、このような緊縮基調に歩調を合わせている。つまり、SOTE 改革はフィンランドにおいて今後一層進むことが予想される高齢化に対し、増税や経費の増大によって対処するのではなく、地方自治制度の大規模再編を伴う大改革（制度改革）で対処しようとするものであった。

マリン内閣では、民間のサービスプロバイダーの活用や市場原理の受け入れ、選択の自由の推進に積極的だった前内閣（シピラ内閣）とは異なり、公の主導的役割が強調されている。やや大胆に表現すれば、マリン内閣では、これまで福祉の民間委託や民営化が進んだことによって変容してきたフィンランド福祉国家について、変容をさらに促進するのではなく、変容の進捗を押しとどめようとしているように思われるのである。

ただし、マリン内閣が重視する 1 次医療を担う保健医療福祉センターの充実については、サービスの拡大や診察待機時間の改善等を図るには、医師の確保や医師の増員などが必要になるだろうと思われる。また、このような

医師にかかわる問題とそれ以外の保健医療福祉サービスの施策展開について
もあわせて考えると、少なくとも近い将来においては、増税なしでの施策展
開が果たして可能なのだろうかが、あらためて課題の 1 つになってくるよ
うに思われるのである。

　さらに、今後一般補助金がどのようにあつかわれるのだろうか。アルエ
は自治体であるため、議会や財政・課税権を持つ。したがって、アルエ税の
創設とその課税がどうしても必要になる。アルエ税には地方所得税が用いら
れることだろう。ただし、当分の間は激変緩和が意図されており、アルエ税
の徴収は数年先が予定され、アルエには特別国庫補助金が交付される予定と
なっている。そうなると、これまでの一般補助金で用いられた財政需要費目
（年齢構成別人口、疾病率、人口密度、失業者、遠隔地など）が、アルエ向
けの特別国庫補助金においてどのようにあつかわれるのだろうか、どの程度
活用されるのだろうかが注目されなければならない。アルエ向けの特別国庫
補助金は、各アルエの人口数、サービスニーズの状況、救助救急サービスの
リスク度合などが斟酌されて各アルエに交付される予定となっているが、現
在は交付基準のより一層の具体化が待たれている段階にあるのである。

　また、自治体向けの国庫支出金が今後どのように展開されるのだろうか。
保健医療福祉サービスが自治体からアルエに移管されるので、改革後の自治
体の仕事は教育文化や保育など一部の事務事業に限定されることになる。当
然、これに合わせて自治体の財源が縮減されるのであり、実際、2023 年度
から自治体の地方所得税の税率が 2022 年度よりも 12 ポイント超引き下げ
られることになるようである。まだ改革後の自治体向けの国庫支出金の全体
の姿を見渡すことができないけれども、今後、国庫支出金が一般補助金とし
て継続することになるのか、一般補助金における財政需要費目が継続して活
用されることになるのだろうかが注目されるのである。ただし、これまで一
般補助金を自治体に交付する際の重要な財政需要費目だった年齢構成別人口
や、疾病率の見直しは避けて通れないだろう。自治体は保健医療福祉サービ
スの担い手ではなくなるからである。さらに、財政力の算定はどの自治体

のようになるのだろうか。自治体向けの一般補助金の今後の展開からも目が
離せないのである。

注
（1）Minstry of Finance,Minstry of Social Affairs and Health,Ministry of Interior "Government proposal for health and social services reform and related legislation adopted by Parliament",24.6.2021.
（2）Soteuudistus"What is the health and social service reform"2022.（Soteuudistus.fi/en/health-and-social-services reform）.
（3）フィンランドでは、特定の事業分野について複数の自治体が集まって自治体連合（Kuntayhtmat）を形成する方法が広範囲に行われている。自治体連合の多くは自治体が任意で設置するものであり、1次医療、職業専門学校、廃棄物処理、公的な交通・運輸、老人ホーム、訪問介護などがある。これとは別に法律に基づいて設置が自治体に義務づけられるものとして2次医療圏にかかわる自治体連合がある。この点については、横山純一『転機にたつフィンランド福祉国家─高齢者福祉の変化と地方財政調整制度の改革』、2019年1月、同文舘出版、第1章を参照のこと。
（4）Yle News13.10.2020. なお、shp は Sairaanhoitopiiri を簡略化したもので、2次医療圏を指す。
（5）Yle News13.10.2020. Ministry of Finance,Ministry of Social Affairs and Health、Ministry of Interior"Government amends its draft proposal on health and social services reform in response to comments received"13.10.2020.
（6）2015年11月9日、フィンランド政府は、国内を18の自治エリアに分け、これまで自治体と自治体連合が担ってきた保健医療サービスと福祉サービスについて、自治エリアが担っていく体制をとるものとすることを発表した。この点については、横山純一前掲書、第7章を参照のこと。
（7）Yle News3.1. 2022.
（8）Minstry of Finance, Ministry of Social Affairs and Health, Ministry of Interior "Government amends its draft proposal on health and social services reform in response to comments received" 13.10,2020.
（9）注8に同じ。
（10）注2に同じ。
（11）注1に同じ。
（12）注1に同じ。
（13）注1に同じ。
（14）Helsinki Times14.10.2020.
（15）注1に同じ。
（16）Ministry of Finance,Ministry of Social Affairs and Health "The regional government ,health and social services reform is for all of Finland"5.11.2018.
（17）注16に同じ。ただし、これまでの2次医療にかかわる自治体連合の時に比べて、アルエの場合には自治体とくに小規模自治体の要求が届きにくくなる懸念もあるように思われる。
（18）田中里美「地方自治制度及び保健医療・社会福祉サービス改革─フィンランド福祉国家の再編─」『都留文科大学研究紀要』91集、2020年3月。田中論文はシピラ内閣のSOTE改革の取り組みを丁寧に論じている。
（19）Helsinki Times 14.10.2020.
（20）注19に同じ。
（21）2019年4月14日の国会議員選挙（1院制）の結果、社会民主党が第1党になった。そして、

　社会民主党、中央党、緑の党、左翼同盟、スウエーデン人民党の 5 党連立政権が誕生した。市場原理を重視する国民連合党と EU に批判的なフィンランド人党の有力 2 政党は野党になった。選挙結果（議席数）は次のとおりである。社会民主党 40、フィンランド人党 39、国民連合党 38、中央党 31、緑の党 20、左翼同盟 16、スウエーデン人民党 9、キリスト教民主党 5、他 2 である。

（22）注 8 に同じ。
（23）YleNews 13.6.2019.

第8章　むすびにかえて

　1980年代の福祉保健医療関係の国庫支出金（特定補助金）、1993年創設の福祉保健医療包括補助金、2010年創設の一般補助金という具合に、フィンランドの福祉保健医療関係の国庫支出金は変遷を遂げて来た。1980年代に特定補助金が役割を果たして福祉が充実拡大し、福祉のナショナルミニマムが実現してフィンランドは1980年代後半に、北欧福祉国家の一員になった。

　このような福祉のナショナルミニマムの確立を受けて、1990年代には地方分権が志向されるようになり、「自治体の支出の裁量権を大きく拡大させた特定財源」である包括補助金制度が創設された。さらに、2010年には、自治体に一般財源を交付する一般補助金制度が創設された。包括補助金と一般補助金は、地方分権がめざされた補助金として本来ならば自治体に歓迎されるべきものだった。しかし、この2つの補助金においては、厳しい国財政状況を背景にして、自治体への交付額が抑制基調で推移した年度がほとんどであった。そして、この2つの補助金は自治体が福祉サービスをアウトソーシングすることを容易にした。実際、21世紀前半の法律改正も相まって、福祉の民間委託化や民営化が急速に進行し、24時間サービス付き高齢者住宅などで、グローバル企業や大企業の参入が相次いだのである。さらに、一般補助金における財政力の算定方法の改定（2015年改定）によって都市部への配慮が高まった。

　本書では、1980年代半ばから今日までの国庫支出金の変化の過程を考察してきたが、包括補助金制度が創設された1993年から今日までの時期は、1980年代後半にフィンランドが福祉国家として確立したものの、その後、

1990 年代前半の大不況、EU への加盟、グローバル化などの中で、新自由
主義的な政策の取入れが進められ、フィンランドの福祉国家が変容していっ
た時期でもあった。緊縮財政が継続するとともに、国と地方の関係のスリム
化と簡素化、自治体福祉サービスの民間委託化や福祉の民営化が進んだので
ある。

　フィンランドの国庫支出金や地方財政調整、国と地方の財政関係の変容
は次のようにまとめられるだろう。つまり、

① 使途限定の特定補助金から自治体の支出の自由裁量権を大幅に拡大さ
　せた包括補助金への移行にともなって、補助金交付省庁である社会保健
　省、教育文化省の影響力が弱まった。

②包括補助金の廃止と一般補助金制度の創設によって、これまで国庫支出
　金の自治体への交付において大きな役割を果たしてきた社会保健省と教
　育文化省が国庫支出金の交付省庁から外れ、一般補助金の自治体への交
　付は財務省に 1 本化された。

③ 包括補助金と一般補助金は自治体の使い勝手がよく、自治体から歓迎
　されることもあったが、使い勝手が良い分、そして、厳しい国の財政状
　況の中で財政需要分の抑制などによって、交付額が抑制される傾向がみ
　られた。

④ 一般補助金については、2012 年度以降今日まで、継続して一般補助金
　総額が増えていない。

⑤ 1995 年には社会福祉施設建設補助金が廃止され、以後、老人ホームに
　ついては、自治体直営の老人ホームを中心に、その建設が進まなくなっ
　た。

⑥ 包括補助金が創設されたことや一般補助金が創設されたことによって、
　自治体は福祉サービスのアウトソーシングがしやすくなった。そして、
　実際、自治体福祉サービスの民間委託化や福祉の民営化が進んだのであ
　る。これを表現をかえて述べれば、財政面における地方分権が、実質的
　には、自治体福祉サービスの民間委託や福祉の民営化をともなって進ん

だということであった。

⑦　一般補助金の総額が伸びない中で、一般補助金における財政力の算定
　　方法が 2015 年に改定され、都市部への配慮が強まった。

　このような一連の国庫支出金の動きは、いうまでもなく国の財政緊縮路線
と国―地方の財政関係のスリム化・簡素化に歩調を合わせるものだったので
あり、「大きな政府」、「高福祉高負担国家」からの転換が反映されたものであっ
た。

　新たな、そして大規模な保健医療福祉改革である SOTE 改革が 2023 年度
にスタートする。SOTE 改革では大規模な地方自治システムの再編成をとも
なっている。このような SOTE 改革の全貌、とくに財政の部分については、
現在、なかなか見通すことが難しい状況ではあるが、今後も国庫支出金を軸
にして研究を掘り下げていきたい。

補章
北欧フィンランドにおける新型コロナウイルス
感染症対策の現状と課題

感染拡大を防ぐための国家規制、補正予算 [1]

1　問題の所在

（1）対象とする時期

　本章では、フィンランドの新型コロナウイルス感染症対策について、２つのメインとなる対策、つまり、感染拡大を防ぐための国家による規制措置と国補正予算を論ずることにしたい。対象とする時期は 2020 年３月中旬から12 月 20 日までにしたい。なぜなら、この期間に２回の感染の大きな波（第１波、第２波）があり、この対策として国家による規制が行われ、さらに、国補正予算が７回にわたって打たれたからである。

（2）分析視角

　フィンランドでは、2020 年３月中旬から５月下旬にかけて、新型コロナウイルス感染症が広まり、いわゆる感染の第１波を迎えた。このような状況に対し、３月 16 日に政府は緊急事態法を発出し、３月 18 日から感染拡大

を防ぐ目的で、国民の行動を制限する厳しい国家規制を行った。このような国家規制が成果をあげたことにより、その後、感染者数は減少に転じた。そして、これに合わせ、一部の規制を除いて規制の解除が行われたのである。

　しかし、9月に入ってからは再び新規感染者数の増加が明確になり[2]、ヘルシンキ（Helsinki）やエスポー（Espoo）、ヴァンター（Vantaa）など大都市自治体を多く含むウーシマ（Uusimaa）地域を中心にクラスターが増加した[3]。さらに、感染経路が不明の症例が半分以上を占めたのである[4]。

　10月に入ってからは、いっそう感染者数が増大した（**図表補 -1**）。1週間当たりの新規感染者数は 1,500 人前後となり、この状況が 11 中旬まで続いた。明らかに第 2 波が到来したのである。11 月 13 日までの累積感染者数は 1 万 9,178 人となった。10 月 31 日から 11 月 13 日までの 2 週間の新規感染者数は 2,963 人、1 日あたりにすれば 211 人を数えた。それだけでは済まなかった。11 月下旬にきわだって多い新規感染者数が出現し、1 週間あたりの新規感染者数が一挙に 3,000 人台にのぼった。1 日の新規感染者数は 11 月 20 日が 478 人、11 月 24 日が 504 人、11 月 25 日が 471 人、さらに 11 月 26 日が 619 人、11 月 27 日が 509 人となったのである[5]。さらに、12 月に入ってからも勢いは止まらず、1 週間あたりの新規感染者数は、12 月中旬までは約 2,500 人から 3,000 人の間で推移したのである。明らかに、11 月と 12 月（中旬まで）に感染は広がりを見せたのである[6]。

　日本でもたびたび報道されたように、2020 年の 10 月下旬から 11 月上旬にかけて、フランス、イギリス、イタリア等のヨーロッパの国々において感染爆発が起こった。フランスでは 1 日の新規感染者数が実に 5 万人を超過した日があり、イタリアも 1 日の新規感染者数が 11 月 13 日にはじめて 4 万人を超えた。春の第 1 波の時には比較的感染が抑えられていたため、イタリアやフランスなどから患者を受け入れていたドイツにおいても、1 日の新規感染者数が 2 万人を超過する日が相次いだ。フランスでは 10 月 30 日から、イギリス（イングランドのみ）では 11 月 5 日から、イタリア（北部地域のみ）では 11 月 6 日から、店舗閉鎖や外出制限をともなうロックダウ

図表　補-1　フィンランドの新型コロナウイルス感染者数の推移

月日	3/6	3/13	3/20	3/27	4/3	4/10	4/17	4/24	5/1	5/8
累積感染者数	21	251	649	1,301	2,107	3,214	3,982	4,725	5,422	6,050
1週間単位の新規感染者数		230	398	652	806	1,107	768	743	697	628

月日	5/8	5/15	5/22	5/29	6/5	6/12	6/19	6/26	7/3	7/10	7/17
累積感染者数	6,050	6,493	6,753	6,943	7,055	7,119	7,175	7,231	7,278	7,317	7,352
1週間単位の新規感染者数		443	260	190	112	62	56	56	47	39	35

月日	7/17	7/24	7/31	8/7	8/14	8/21	8/28	9/4	9/11	9/18	9/25
累積感染者数	7,352	7,404	7,467	7,618	7,770	7,994	8,130	8,341	8,649	9,047	9,707
1週間単位の新規感染者数		52	63	151	152	224	136	211	308	398	660

月日	9/25	10/2	10/9	10/16	10/23	10/30	11/6	11/13	11/20	11/27	12/4	12/11
累積感染者数	9,707	10,595	12,266	13,580	14,826	16,215	17,667	19,178	21,407	24,475	27,516	30,457
1週間単位の新規感染者数		888	1,621	1,314	1,246	1,389	1,452	1,511	2,229	3,068	3,041	2,941

(注) 2021年9月11日閲覧時の数値である。
[出所] World Health Organization (WHO) "Coronavirus Data".

ンという強力な国家規制が行われた[7]。フィンランドの場合は、これらの国々に比べれば感染の規模は大きくないが、11 月下旬には 1 日だけで 600 人を超す新規感染者が出現したのである。

フィンランドでは第 2 波時においても、国民の行動を制限する措置がとられた。ただし、11 月半ばまでは、感染状況が悪化しているウーシマ地域やピルカンマー（Pirkanmaa）地域[8] など国内 5 地域の飲食店（レストラン、バー、カフェなど）の営業時間や客数の制限などにほぼ限られ、春の第 1 波の時のような強力かつ全国一律の規制措置がとられたわけではなかった。しかし、厳しい感染状況が続く中で、ヘルシンキやエスポーなどの大都市では、11 月 30 日から公共施設の閉鎖、10 人を超す集会の禁止、イベントの中止などの措置がとられるようになった。飲食店を中心とする対策では到底済まなくなってきたのである。

本章では、フィンランドの新型コロナウイルス感染症対策について、2 つの分析視角によって考察することにしたい。

まず、国民の行動制限をともなう国家による規制措置についてである。フィンランドの新型コロナウイルス感染症対策の特徴は、感染拡大を抑える施策が遅きに失することのないように、比較的早く法律にもとづいて国民の行動を制限する措置がとられたことである。このような国家規制には罰則がともなっている。本章では、第 1 波の時と第 2 波の時に分けて、このような国民の行動を制限する措置の内実についてみていくことにしたい。

次に、国の補正予算を考察する。フィンランドにおいては、2020 年度には、3 月下旬に議会に提出された第 1 次補正予算を皮切りに、第 7 次までの補正予算がつくられ、実施に移された。補正予算の規模はまちまちだが、4 月上旬の第 2 次補正予算と 6 月上旬の第 4 次補正予算の規模が圧倒的に大きかった。

補正予算の内容についてみると、最初のうちは、新型コロナウイルス感染症にかかわる保健医療対策や、基礎サービスを担う自治体への支援、新型コロナウイルス感染症の広まりや国の規制措置の影響を受けた事業主や企業、

個人への支援、演劇や音楽活動でチケット販売が困難になった会社や俳優、音楽家などへの支援など、新型コロナウイルス感染症の拡大に関連して緊急に必要とされたものが中心だった。しかし、第4次補正予算では、鉄道や市電などの公共交通機関の拡充のための財政支援、道路の大規模修繕、高速道路のインターチェンジの増設と改善などの輸送にかかわる政策や、できるだけ安価な住居を国民に提供する住宅政策など、数年先の国民生活や企業活動を展望したものも計上された。このような多岐にわたる補正予算について分析していきたい。

2　フィンランドの新型コロナウイルス感染症対策（1）
── 第1波における対策

（1）　緊急事態宣言と国民の行動制限

　フィンランド政府は新型コロナウイルス感染者数が増加したことを受け、3月16日に緊急事態宣言を発出した。そして、3月18日からは緊急事態法にもとづいて、国民の行動を広範囲にわたって制限する規制措置をとった[9]。
　つまり、3月18日に義務教育学校や大学、高校、専門学校などの学校閉鎖（休校）が行われた。さらに、公共施設（美術館、図書館、博物館、劇場、高齢者デイケアセンターなど）や青少年センターの閉鎖が行われた。10名を超える集会も禁止された。スポーツ大会や500人超が参加する公開イベントは全面的に禁止され、スイミングプールなどのレクリエーション施設も、屋内、屋外問わず閉鎖された。介護施設や病院へのお見舞いなどでの部外者（家族や親族、友人、知人等）の訪問も原則禁止とされた（**図表補-2**）。以上のような国民の行動制限に関する措置については、当初3月18日から4月13日までとされていたが、5月13日まで延期された。

図表 補 -2　フィンランドにおける規制解除に関する状況（2020 年 6 月 1 日）

	5月4日～5月13日	5月14日～5月31日	6月1日～7月30日	7月31日～
義務教育，就学前教育など	閉鎖（休校）	可		
高校，専門学校，大学など	閉鎖（休校）	可（リモート授業の推奨）		
集会の制限	10 人まで可		50 人まで可	
500 人超の公開イベント	禁止			
青少年センター，各種団体会館など	閉鎖		可	
レクリエーション施設（スイミングプールなど）	閉鎖	屋外施設のみ可	可（屋内施設も可）	
スポーツ大会	禁止		特別なアレンジメントのもとで可	
図書館（本貸し出し）	可			
屋内公共施設（美術館，劇場，図書館，高齢者デイケアセンターなど）	閉鎖		集客制限のもとで可	
飲食店（レストラン，バー，カフェなど）	閉鎖（テイクアウトのみ可）		一定条件のもとで可	
海外への観光旅行	厳に控える	不要不急の旅行は控える		
国内観光旅行	当分の間ひかえる	健康と安全のガイドラインを守れば可		
部外者の介護施設，病院への訪問	原則禁止	ケースバイケースで認める		
ウーシマ地方へ（から）の移動制限	3 月 28 日開始，4 月 15 日終了			

（注 1）義務教育学校や大学などは 3 月 18 日から閉鎖開始。10 名超の集会禁止も 3 月 18 日から開始。
（注 2）飲食店は 4 月 4 日から営業停止。
（注 3）飲食店の一定条件とは，客席を半分に減らす，客同士の距離をとる。営業時間は 6 時から23 時までで，アルコール提供は 22 時までとするなど。
〔出所〕Finnish Government "Situation regarding the lifting of Restrictions 1 June2020 ".2020

　また、4 月 4 日には、レストラン、カフェ、バーなどの営業停止が行われた。3 月 19 日には入国制限が開始された。

　さらに、ウーシマ地域とそれ以外の地域との移動が、3 月 28 日から 4 月15 日まで禁止された。この措置は、新型コロナウイルスの感染者がヘルシンキやエスポーなどの大都市自治体が多いウーシマ地域に集中していたために、地方（ウーシマ地域以外の地域）の感染者の増加を防ごうとしてとられたものであった。ただし、公的な業務や商用、通勤、近親者の死亡等による移動には適用されない。このような措置の施行にともなって主要道路では警

察官による監視が行われたのである。

　保健医療対策や経済対策は怠りなかった。新型コロナウイルス感染症対策を中心とした保健医療システムの維持、産業企業の倒産防止と支援、個人事業者への支援を主目的にして、第 1 次と第 2 次とを合わせて約 40 億ユーロの補正予算が組まれたのである[10]。

（2）各種規制措置の解除

　フィンランドでは国による規制が効果を発揮して感染者数が落ち着いてきたことを背景に、5 月 14 日からと 6 月 1 日からの 2 段階に分けて規制の解除が行われた[11]。

　図表補 -2 を再びみてみよう。義務教育学校や大学、高校、専門学校は 5 月 14 日に閉鎖が解除され、授業が再開した。ただし、大学や高校、専門学校などについては閉鎖解除後もリモート授業が推奨された。

　スイミングプールなどのレクリエーション施設は 5 月 14 日から利用できるようになったが、5 月 14 日からは屋外施設のみが利用でき、屋内施設は 6 月 1 日から利用可能となった。集会については 5 月 31 日までは 10 人までの集会が認められていたが、6 月 1 日からは 50 人を超えない集会が可能となった。5 月 31 日まで閉鎖されていた青少年センターや屋内公共施設については、いずれも 6 月 1 日から利用できるようになった。ただし、これらの施設の多くは集客数を制限してのオープンになった。スポーツ大会は 5 月 31 日まで禁止、6 月 1 日からは特別なアレンジメントのもとで大会開催が可能となった。

　レストラン、バー、カフェなどの飲食店は 5 月 31 日まで終日営業停止措置がとられていたが（テイクアウトのみ認められる）、6 月 1 日から下記の条件を満たせば営業できるようになった。つまり、客同士の距離を十分とるように席の配置を工夫する、客席を半分に減らす（テラス席はこれに該当しないが、テラス席でも客同士の十分な距離がとられなければならない）、客

は必ず自分の席に着席して飲食し自分の席以外で食物のとりわけをしない等を実行し、さらに、営業時間は6時から23時までとする、アルコールの提供は9時から22時までとする等の条件が満たされれば営業できるようになったのである。このようなレストラン、バー、カフェに関する規制緩和は、フィンランドの全域で6月1日から施行された。

500人超の公開イベントは7月1日以降も認められず、500人を限度とするとされた。ただし、ガイドラインに沿って安全衛生面の措置がとられ、観客席をいくつかのブロックに区切るなど感染を防ぐ工夫がなされていれば500人を超過しても認められる場合があるとされた。500人超の公開イベントの全面的な規制解除は8月1日から実施された。

病院や介護施設などへの見舞いなどでの部外者の訪問は、6月1日以降も基本的に禁止の状況が続いた。6月17日に病院や介護施設などへの通院・訪問に関する緩和措置がなされ、介護施設では屋外における場所の確保や隔離された部屋の確保を通じ、利用者が家族と面会することができるようになった。

海外旅行は6月1日以降もひかえることとされたが、国内観光旅行は6月1日からは新型コロナウイルス感染症に関する安全衛生のガイドラインを守る場合は可能となった。

3　フィンランドの新型コロナウイルス感染症対策（2）
― 第2波における対策

（1）　10月中旬以降の規制強化

フィンランドの新型コロナウイルスの新規感染者数は9月に入ってから再び増加し、10月と11月にはいっそう増大した。10月に入ってから11月中

旬までは、1週間の新規感染者数が毎週 1,500 人前後となった（**図表補 -1**）。さらに、11 月下旬と 12 月上旬には、これまでに経験したことのない急速な感染拡大が起こった。1週間あたりの新規感染者数は実に 3,000 人を超過したのである。感染者数は首都圏（ウーシマ地域）において拡大が顕著だったが、国内のほぼすべての地域で増加したのである。

　このような状況を踏まえて、フィンランド政府は感染者を抑制する目的で、10 月 9 日にウーシマ地域やピルカンマー地域など感染状況が悪化している 5つの地域において、レストラン、バー、カフェ等の飲食店の営業時間の見直しや客数制限を実施することを閣議決定した。第 1 波が過ぎ去ってからは、レストラン、バー、カフェ等についての規制は大幅に緩和されていた。9 月には営業時間やアルコール提供時間の規制や客数の制限がなくなり、飲食は着席して行うこと、客同士の間に十分な距離をとることなどが、店舗や飲食客に求められたにすぎなかった。しかし、再び新規感染者数が増加してきたため、フィンランド政府は関係法律に基づき、感染状況が悪化している地域において規制強化、つまり営業時間の短縮と客数制限に踏み切ったのである。具体的には、次のとおりである[12]。

　ア　感染状況が悪化している地域、つまり、増殖急増段階（Leriamisvaihe）にある 2 次医療圏域の飲食店のアルコール提供時間を 22 時までとし、すべての飲食店の営業終了時間を 23 時とする。

　イ　アルコールの提供を主にするパブ、バー、ナイトクラブなどについては、店内に収容できる客数を許可上限の半数とする。レストラン、カフェなどについては 4 分の 3 とする。

　ウ　この規制は 10 月 11 日から施行し、10 月 31 日までを期限とする。

　エ　この規制が適用される地域は、感染状況が悪化している地域（2 次医療圏域）、つまり、Uusimaa、（2 次医療圏域は Helsingin ja Uudenmaan shp、主要都市は Helsinki と Espoo）、Varsinais-Suomi（2 次医療圏域は Varsinais-Suomen shp、主要都市は Turku）、Pirkanmaa（2 次医療圏域は Pirkanmaan shp、主要都市は Tampere）、Kanta-Häme（2 次医

療圏域は Kanta-Hämeen shp、主要都市は Hämeenlinna）、Pohjanmaa（2
次医療圏域は Vaasan shp、主要都市は Vaasa）の 5 地域である。

オ　感染状況が悪化していない地域、つまり、安定段階（Perustasto）に
ある 2 次医療圏域においては、これまで通り、飲食は着席して行う、
飲食客同士の間に十分な距離をとる、営業時間は 4 時から 25 時（午前
1 時）とする、などの規制にとどまる。さらに、客が自ら自分の席以外
の場所において食物をとりわけることは可能で、店舗内の客数について
の制限はない。

さらに、政府は、11 月 1 日から感染状況が悪化している地域において、
レストラン、バー、カフェなどの営業時間等の規制を続けることとしたが、
10 月 11 日から施行された規制よりも若干柔軟性をもたせた形で規制の変
更を行った [13]。つまり、感染状況が悪化している 5 地域においては、アル
コール提供時間を 22 時までとし、営業終了時間は、アルコールの提供を主
とする店舗（パブ、バー、ナイトクラブなど）は 23 時、その他の店舗（レ
ストラン、カフェ、ピザ屋など）は 24 時（午前 0 時）までとした。ただし、
Pohjanmaa 地域については、アルコールの提供をするしないにかかわらず、
すべての店舗の閉店時間を 23 時とした。客数制限については、5 地域すべ
てにおいて、アルコールの提供を主とする店舗では収容客数の許可上限の半
分、その他の店舗では収容客数許可上限の 4 分の 3 までとしたのである。

感染状況が悪化していない地域（Perustasto 段階にある 2 次医療圏域）に
ついては、アルコールの提供時間を 24 時までとし、アルコールの提供を主
とする店舗の閉店時間を 25 時（午前 1 時）までとした。その他の店舗につ
いては、とくに閉店時間を定めることはせず、24 時間営業ができた。また、
感染状況が悪化している 5 つの地域とは異なり、客数制限は設けなかった。

（2）　11月下旬の感染者数の激増とさらなる規制の強化

　フィンランドの第2波時の規制の特徴は、第1波の時のように、多くの公
共施設や教育機関などを全国一律に規制の対象として広く規制の網をかける
のではなく、感染状況が悪化している地域に限定したうえで、業種を飲食業
に絞って集中的に規制の網をかける方法を選択したことである。そして、第
1波の時のように、飲食業に対して営業停止の措置をとることはしなかった。
さらに、アルコールを提供するか否かによって飲食業の規制（閉店時間、客
数制限）に差異を設けたのである。
　しかし、11月20日ころから新規感染者数が急増した。1日あたりの新
規感染者数は、11月26日には619人になった。このような新規感染者
数の急増を目の当たりにして、11月30日から感染状況が最も悪化してい
るウーシマ地域の4自治体、つまり、ヘルシンキ、エスポー、ヴァンター
（Vantaa）、カウニアイネン（Kauniainen）に限定して、国民の行動制限を
ともなう規制が強化されることになったのである。
　具体的には、11月30日から12月13日までの期間、集会は10人まで
に制限された。このことによって10人を超えるグループや団体での懇親会
や飲み会ができなくなった。また、図書館、博物館、文化センター、青少年
センター、屋内スポーツ施設などの公共施設が閉鎖された。これにともなっ
て、上記公共施設で行われる予定だったコンサートなどのイベントも中止と
なった。さらに、12月3日からは、高校が全面的にリモート授業に転換す
ることになった。20歳以上の者の屋外のスポーツ施設でのスポーツ活動も
禁止された[14]。
　さらに、新型コロナウイルス感染症が全国に広がってきていることを反
映して、12月5日からは、バーやレストランの営業時間の制限と客数の制
限が、これまで行われていなかったサタクンタ（Satakunta）、キメンラーク
ソ（Kymenlaakso）、カイヌー（Kainuu）などの地域でも行われるようにな

り、これらの地域でのアルコールの提供時間は 22 時までとなった[15]。また、12 月 12 日からは、ラッピ（Lappi）地域のバーやレストランでのアルコールの提供時間が 2 時間早まって 22 時までとなった。ラッピ地域は感染がそれほど広まっている地域ではなかったけれども、冬の観光地として有名であるため、12 月、1 月、2 月にラッピ地域を訪れる観光客の増大を見越しての措置であった[16]。

　なお、このような規制とは別に、いくつかの勧告が政府から出されている。勧告は国民に行動の変容を求めるものであるが、法的拘束力をもたない。主要な勧告は、マスク着用の勧告とテレワークの勧告である。前者は、どのような場合にマスクが必要になるのかを細かく示しながら、国民にマスク着用を勧め、後者は公的企業だけではなく民間企業にも広くテレワークを勧めるものである。

4　補正予算の動向と内容

　次に、フィンランドの補正予算を検討し、新型コロナウイルス感染症にかかわる政策として、どのような施策が展開されたのかについてみていくことにしよう。

　フィンランドの 2020 年度の国当初予算は約 575 億ユーロで、税収入が 470 億ユーロだった[17]。所得税収入が約 159 億ユーロで、このうち個人分（勤労所得税、資本所得税）が 106 億ユーロ、法人分（法人所得税）が 45 億ユーロだった。付加価値税収入は 193 億ユーロであった。フィンランドの国財政は付加価値税に依存する割合が高いのである。

　フィンランドの会計年度は 1 月 1 日から始まるため、2020 年度の当初予算には新型コロナウィルス感染症関連の政策は盛りこまれていなかった。そこで、国の補正予算の分析が大変重要になるのである。

　フィンランドでは、3月下旬に最初の国補正予算が議会に提出されたのを皮切りに、ほぼ毎月のように国補正予算が提案され、2020年度において国補正予算は第7次まで出た。政府は補正予算を積極的に策定し、保健医療政策を進めるとともに、新型コロナウイルス感染症によって影響を受けた企業や個人、自治体などにさまざまな支援を行ったのである。以下、7回にわたる国の各補正予算についてみていくことにしよう[18]。

（1）　第1次補正予算[19]

　2020年3月20日に議会に提出された第1次補正予算は、歳出規模が3億9,789万ユーロでほぼ全額を国債収入により調達した（**図表補-3**）。第1次補正予算の目的は、3月に入ってから新型コロナウイルスの感染者数が増えてきたことを踏まえ、新型コロナウイルスとの戦いから発生した費用のカバーと、企業の財務状況の改善におかれた。財務省関係予算が2億ユーロ、経済雇用省関係予算が1億4,300万ユーロ、社会保健省関係予算が4,380万ユーロ、内務省関係予算が915万ユーロ、教育文化省関係予算が90万ユーロであった。

　社会保健省関係予算では、2,600万ユーロが新型コロナウイルス感染症の管理と監視に、1,280万ユーロが新型コロナウイルス感染症対策に大きな役割を果たしている国立保健医療福

図表補-3　第1次補正予算の歳出

（ユーロ）

歳出総額	3億9,789万
内　務　省	915万
警　　察	555万
国境警備隊	300万
財　務　省	2億
非　特　定	2億
教育文化省	90万
経済雇用省	1億4,300万
再生エネルギーと脱炭素	1億2,750万
雇用と事業主支援	1,500万
社会保健省	4,380万
感染症の管理・監視	2,600万
国立保健医療福祉研究所運営費	1,280万

〔出所〕Valtiovarainministeriö, "Valtion Talousarvioesitykset", 2020.

祉研究所（Terveyden ja Hyvinvoinnin Laitos、略称は THL 英語名は Finnish Institute for Health and Welfare）の運営費の支援を目的とした支出だった。経済雇用省関係予算は、新型コロナウイルスの広がりによって厳しい状況におかれた生産チェーンの改善や観光事業への支援、研究開発やイノベーションに充当された。内務省関係予算のほとんどは警察と国境警備隊（Rejavarti-olaitos）に関する支出であった。コロナ禍でとくに国境警備隊の役割が大きくなったのである。財務省関係予算は 2 億ユーロだったが、すべてが非特定支出であった。これは今後の緊急事態に備えるためのものといってよく、いわば予備費的な性格のものといってよいだろう。

　以上とは別に注目されるのは、緊急の政府融資がフィンランド航空（フィンエアー）に対して約 6 億ユーロ行われたことである。フィンランド航空が旅客と貨物の輸送を通じてフィンランド経済に大きな役割を果たしていることを、政府が考慮したのである。国はフィンランド航空の株式を 55％保有している[20]。

（2）　第 2 次補正予算[21]

　第 2 次補正予算（**図表補 -4**）は 4 月上旬に議会に提出された。予算規模は約 36 億ユーロで、新型コロナウイルス感染症の拡大と緊急事態法にもとづいて国家規制が広範囲に行われたことを反映して、規模が大きくなったということができる。第 2 次補正予算の主な目的は、新型コロナウイルス感染症の拡大、国の規制の影響を受けた失業者への対策、新型コロナウイルス感染症と国の規制の影響を受けて企業や事業者、個人の経済活動が停滞したことに対する支援、自治体への財政支援、医療機器、医薬品等の購入であった。

　省庁別に予算をみてみよう。上記の予算の目的を反映して最も予算規模が大きかったのは、社会保健省関係予算だった。社会保健省関係予算は 22 億 2,290 万ユーロにのぼり、第 2 次補正予算の歳出規模の約 6 割を占めたのである。このうち約 11 億ユーロが失業保障（Työttömyysturva）だったが、こ

図表 補 -4　第 2 次補正予算の歳出

（ユーロ）

歳出総額　36 億 2,477 万			
財　務　省	5 億 2,522 万	社会保健省	22 億 2,290 万
自治体への財政支援	5 億 4,700 万	住宅手当	1 億 7,700 万
教育文化省	6,939 万	基礎的な社会援助	1 億 6,930 万
芸術と文化	4,169 万	失業保障	10 億 9,830 万
スポーツ	1,960 万	医療機器・医薬品の購入など	6 億
青少年活動	400 万	内　務　省	880 万
農林水産省	4,815 万	国境警備隊	838 万
農業と地方産業	3,000 万		
産業漁業	1,000 万		
経済雇用省	7 億 4,822 万		
自治体への助成金（個人事業主支援）	2 億 5,000 万		
再生エネルギーと脱炭素	2 億 3,500 万		
Suomen Teollisuusijoitus OY への融資	1 億 5,000 万		

（注）財務省関係予算ではオーランド諸島からの返戻金があったため自治体への財政支援の金額の
　　　ほうが大きくなっている。
〔出所〕Valtiovarainministeriö,"Valtion Talousarvioesitykset, "2020.

のうちの 7 億 9,400 万ユーロは解雇と失業の増加に対応するものであった。

　また、これまでは自営業者（個人事業主）については、自治体が相談窓口となって支援金を支出していたが、新たに政府は自営業者（個人事業主）の生活を守るために、自営業者が失業保障を一時的に受けることができるように関係法律の改正を行うとともに予算措置を行った。さらに、基礎的な社会援助サービスと住宅手当に、それぞれ約 1 億 7,000 万ユーロが計上された。基礎的な社会援助サービスとは、日本の生活保護制度にあたるものといってよいだろう。また、新型コロナウイルス対策費が 6 億ユーロ計上されたが、これは、国が医療機械や医薬品を購入することなどに充当された。

　さらに、新型コロナウイルス感染症の流行によって仕事を休んで無給になった者は、一時的な給付金の支給を申請ができるようになった。つまり、幼児や保育所に通う子どもの世話を家庭でするために仕事を休んで無給となった親が、このような給付金（月額 723 ユーロ）を利用できるようになったのである。そして、このための社会保健省関係予算として約 9,400 万ユーロが計上されたのである。

　社会保健省関係予算に次いで多かったのは経済雇用省関係の予算で、金額

は 7 億 4,822 万ユーロだった。このうち個人事業主を支援する自治体への助成金が 2 億 5,000 万ユーロ、Suomen Teollisuusijoitus OY への特別融資が 1 億 5,000 万ユーロであった。Suomen Teollisuusijoitus OY は、ベンチャー企業やプライベートエクイティファンドに直接投資するフィンランドの国営投資会社である⁽²²⁾。新型コロナウイルス感染症の広がりによる流動性の困難を緩和することが、求められたのである。さらに、再生エネルギーと脱炭素事業（Uudistuminen ja Vähähiilisyys）に 2 億 3,500 万ユーロが計上された。フィンランド政府は、経済や産業が新型コロナウイルス感染症によって打撃を受けている中で、脱炭素に向けた投資（蓄電池などの研究・技術開発等）を積極的に行うことによって、経済の回復と二酸化炭素排出量の削減という 2 つの目標を同時に達成しようと試みたのである。

　財務省関係予算は 5 億 4,700 万ユーロであった。これはコロナ禍で所得税などの納付の延期や税収が大幅に減少したことにより、税収不足に直面している自治体に対する国の補償と支援だった。なお、この中には、時期が来れば、自治体が国に返戻を行う部分も存在した。

　教育文化省関係予算は 6,939 万ユーロで、このうち、芸術と文化が 4169 万ユーロ、スポーツが 1,960 万ユーロ、青少年活動が 400 万ユーロであった。これらは、新型コロナルス感染症の広がりと国の規制によって営業ができなくなり、チケット収入などが得られなくなった芸術文化部門への支援（芸術家、俳優、フリーランサー、劇場、音楽家、オーケストラ、美術館等への支援）や、スポーツ活動・スポーツ団体への支援、青少年活動・青少年団体への支援に充てられた。このような支援は、国の規制が継続している期間に限定して行われたため 2020 年 5 月 31 日まで続けられたのである。

　農林水産省関係予算は 4,815 万ユーロで、このうち農業と地方産業の保護に 3,000 万ユーロ、漁業の促進に 1,000 万ユーロが計上された。

　内務省関係予算は 880 万ユーロで、その大部分が国境警備隊関係のものであった。

（3）　第3次補正予算⁽²³⁾

第3次補正予算は5月上旬に議会に提出された。歳出総額は8億3,200万ユーロで、その84％にあたる7億ユーロが内閣府関係の予算であった。つまり、この7億ユーロは、資本の増強を図るため、フィンランド航空の株式取得に充当されたのである。また、経済雇用省関係予算は1億2,300万ユーロであった。これは、国の規制によって商売ができなくなった飲食業者への補償と、その従業員の再雇用を支援する目的の予算だった。社会保健省関係予算は600万ユーロ、教育文化省関係予算は300万ユーロで、ともに少額だった。

（4）　第4次補正予算⁽²⁴⁾

第4次補正予算（**図表補 -5**）は6月上旬に議会に提出された。補正予算の中では第4次補正予算の規模が最も大きく、40億4,680万ユーロであった。

図表 補 -5　第4次補正予算の歳出

（ユーロ）

歳出総額　40 億 4,680 万			
内　務　省	4,196 万	運輸通信省	2 億 4,029 万
警察	1,180 万	乗客を運ぶ公共輸送サービスの維持と充実	1 億 1,810 万
国境警備隊	2,200 万	運輸送のネットワーク	1 億 1,846 万
国　防　省	2,996 万	（基礎的なインフラストラクチャーの整備）	（5,625 万）
財　務　省	10 億 4,694 万	（水深が確保された航路のネットワークの整備・開発）	（3,973 万）
基礎サービスのための自治体支援	8 億 3,270 万	社会保健省	10 億 3,994 万
新型コロナウイルス関係での医療圏への支援	2 億	失業保障	8 億 1,240 万
教育文化省	4 億 2,885 万	ワクチン購入等	1 億 1,000 万
義務教育・幼児教育	1 億 3,705 万	経済雇用省	10 億 360 万
高等教育	1 億 6,608 万	再生エネルギーと脱炭素	1 億 5,740 万
（大学への助成金）	（6,700 万）	企業のコストサポート	3 億
職業訓練	4,650 万	Suomen Teollisuusijoitus OY への資本注入	2 億 5,000 万
芸術・文化	2,530 万	Suomen Malmijalostus OY への資本注入	1 億 5,000 万
環　境　省	1 億 1,052 万	農林水産省	9,715 万
コミュニティ・建築・住宅	4,836 万	農業と食糧経済	7,012 万

〔出所〕 Valtiovarainministeriö"Valtion Talousarvioesitykset, "2020.

財務省関係予算、社会保健省関係予算、経済雇用省関係予算の規模が大きくそれぞれ 10 億ユーロ台であった。

　財務省関係予算は 10 億 4,694 万ユーロで、その大部分が自治体と 2 次医療圏域への財政支援であった。このうち 8 億 3,270 万ユーロは基礎サービス（福祉サービス、教育サービスなど）を提供する自治体への財政支援であった。また、フィンランドには 20 の 2 次医療圏域があるが (25)、2 次医療圏域に対して合計 2 億ユーロが新型コロナウイルス対策の国の補助金として支出されたのである。

　社会保健省関係予算は 10 億 3,994 万ユーロだった。このうち、失業保障が 8 億 1,240 万ユーロ、ワクチン購入を含めた新型コロナウイルス感染症対策が 1 億 1,000 万ユーロであった。また、金額は小さいけれども、自治体が行っている福祉保健医療サービスの 1 つである学生の健康管理に対する助成金が 500 万ユーロ計上された。

　経済雇用省関係予算は 10 億 360 万ユーロだった。このうち企業への特別融資など企業への支援が 7 億 240 万ユーロ、再生エネルギーと脱炭素事業が 1 億 5,740 万ユーロだった。前者については、企業のコストサポートに 3 億ユーロ、Suomen Teollisuusijoitus OY (26) への資本注入が 2 億 5,000 万ユーロ、リチウム電池等の開発や、鉱山鉱物資源の確保と技術開発を営む会社である Suomen Malmijalostus OY(27) への資本注入が 1 億 5,000 万ユーロであった。

　教育文化省関係予算は 4 億 2,885 万ユーロで、このうち義務教育・幼児教育が 1 億 3,705 万ユーロ、職業教育・職業訓練が 4,650 万ユーロ、高等教育・大学が 1 億 6,608 万ユーロ、芸術・文化が 2,530 万ユーロだった。大学には各種活動を支援するための助成金が 6,700 万ユーロ計上され、芸術・文化については 2,060 万ユーロが助成金として計上された。なお、政府は高等教育機関の学生を 4,800 人増やす計画を立てた。さらに、連立与党の 1 つである左翼同盟出身の教育文化大臣は、対人教育や対面授業の長期間の停止は、子どもとりわけ社会的排除のリスクのある子どもたちからの、

さまざまな形態の支援ニーズが急増することは明らかであると述べた[28]。

　注目されるべきは、第1次、第2次、第3次の補正予算では計上された金額が少なかった運輸通信省関係の予算が、第4次補正予算で2億4,029万ユーロ計上されたことである。すでにみてきたとおり、これまでの補正予算は、主に失業者への支援や、企業や個人への支援、自治体への支援、医療機器や医薬品の購入など、新型コロナウイルス感染症に直接関連するものが大部分だった。第4次補正予算の運輸通信省関係予算においても、新型コロナウイルス感染症の広がりの影響を受け、利用者が減少して収入が少なくなった鉄道などの公共輸送機関に対し、旅客と貨物の輸送サービスの維持・充実を目的にして約1億ユーロが計上された。さらに、ウオーキングとサイクリングの促進を目的として1,800万ユーロが計上された。

　しかし、それだけではなかった。運輸通信関係予算においては、コロナ禍の時だけではなく、コロナ後を見据えた投資が行われていることが注目されるのである。つまり、第4次補正予算では、鉄道、道路などの基礎的インフラストラクチャーの整備に5,625万ユーロが、船による輸送（水路と航路のネットワーク）に3,973万ユーロが予算計上されたのである。

　運輸・通信省関係予算を検討する際には、2020年から2031年の期間にかけて輸送のプロジェクト（鉄道、路面電車、道路、水路・航路等のプロジェクト）が立ち上がっていることが念頭におかれなければならない。2020年度の第4次補正予算においては、このような約10年超継続するプロジェクトの予算の一部が計上されたのである。そして、このプロジェクトは、コロナ禍で進む雇用の減少と失業者の増加に対し、雇用を創出するという積極的な労働振興策の意味を兼ね備えていたということができるだろう。

　2020年から2031年までの期間において予算が分割されることになるが、当該期間における鉄道、路面電車、道路などの輸送インフラストラクチャーの整備と投資は全部で約7億5,000万ユーロを超える見込みである。プロジェクトでは、道路事業への投資に比べて鉄道と路面電車への投資の比重が圧倒的に大きい。道路事業では新しい道路をつくる事業（道路整備事業）

ではなく、修繕事業がメインであった。

　プロジェクトの主な事業は次のとおりである。つまり、鉄道と路面電車事業では、2017 年に新設・運行開始されたタンペレ自治体の路面電車（総額 1,395 万ユーロ、2020 年度第 4 次補正予算は 4 万 1,000 ユーロ）、エスポー自治体の都市鉄道（総額 1 億 3,750 万ユーロ、2020 年度第 4 次補正予算は 100 万ユーロ）、最も列車本数が多い路線であるヘルシンキとリーヒマキ間をむすぶ鉄道（総額 2 億 7,300 万ユーロ、2020 年度第 4 次補正予算は 500 万ユーロ）等への投資がなされ、道路事業では、高速道路のインターチェンジの建設と改良、道路の大規模修繕工事、アンダーパスやオーバーパスの整備、交差点の改良などへの投資がなされたのである。水路・航路事業では、サルマー運河（Salmaan Kanava）の水位上昇にかかわる工事（総額 500 万ユーロ、2020 年度第 4 次補正予算は 10 万ユーロ）がある。

　また、鉄道と産業企業とのむすびつきの強化を図る試みが行われた。Metsa グループ[29] が、最北部のラッピ（Lappi）地域の主要都市である Kemi（ケミ）自治体において計画しているバイオ製品工場と鉄道との接続（1,050 万ユーロ、2020 年度第 4 次補正予算は 100 万ユーロ）が行われることになっているのである。

　さらに、政府は主要都市であるヘルシンキ、オウル、タンペレ、トゥルクの各自治体と新しい住宅や土地利用、輸送の協定をむすんだ。この協定は政府が交通インフラに投資し、各自治体は住宅開発のゾーイングの拡大をめざすものである。政府は、公共交通機関にアクセスしやすい地域に、手ごろな価格の住宅をつくることを計画したのである。このような都市における住宅開発計画も、プロジェクトと密接に関連しているのはいうまでもないことである。

　環境省関係予算は 1 億 1,052 万ユーロだった。住宅建設、環境保全や自然保護等に用いられる。農林水産省関係予算は 9,715 万ユーロで、このうち約 7,000 万ユーロが農業関係に使われる。漁業については漁業プロジェクトに 680 万ユーロ、産業漁業の促進に 175 万ユーロが計上された。内務

省関係予算は 4,196 万ユーロで、このうち国境警備隊への支出が 2,200 万ユーロ、警察費が 1,180 万ユーロだった。国防省関係予算は 2,996 万ユーロだった。

（5）　第 5 次補正予算[30]

　第 5 次補正予算は 9 月上旬に議会に提出された。第 5 次補正予算の歳出はマイナス 2 億 3,377 万ユーロであった。歳出がマイナスになったのは、フィンランドの独自の予算システムにもとづいて、財務省関係予算がマイナス 4 億 340 万ユーロになったことが大きい。具体的には、自治体から国への返戻金が 4 億 2,900 万ユーロあったからである。実質的な歳出がなされていたのは下記のとおりである。つまり、社会保健省関係予算が 6,000 万ユーロ、経済雇用省関係予算が 7,605 万ユーロ、農林水産省関係予算が 3,000 万ユーロ、内務省関係予算が 330 万ユーロなどであった。

　社会保健省関係予算では、新型コロナウイルス感染症にともなう規制措置による経済的打撃が大変大きかった困窮家計に対し、一時的な財源補償を行う目的で社会援助サービス費が 6,000 万ユーロ計上されたのである。また、経済雇用省関係の予算では、ほとんどが再生エネルギーと脱炭素事業だった。それ以外に、旅行会社が破産したために新型コロナウイルス感染症を理由に旅行会社のパック旅行をキャンセルしたいのにできなくなった利用客の補償のために、200 万ユーロが計上された。農林水産省関係予算では、農業、園芸、地方ビジネスにおいて生じたコスト増に対して 3,000 万ユーロが計上されたのである。

（6）　第 6 次補正予算

　9 月下旬に議会に提出された第 6 次補正予算の財政規模は 2 億ユーロであった。この 2 億ユーロはすべて社会保健省関係予算であった。その全額が、

自治体が社会保健福祉サービスや公共サービスとして支出した、新型コロナ
ウイルス感染症対策費用に対する国の助成金であった。

（7）　第7次補正予算[31]

　第7次補正予算は10月下旬に議会に提出された。フィンランドでは10
月に入って新型コロナウイルス感染症が再び広がって、いわゆる第2波を迎
えていた。このため第7次補正予算では、新型コロナウイルス感染症関連で
支出した費用のカバーと、新型コロナウイルス感染症の拡大による影響で収
入が損失したことへの財政支援が中心になった。政府は第7次補正予算を、
新型コロナウイルス感染症の拡大によって苦悩している企業や個人、自治体
などを手助けするための橋渡しの役割を果たすものとして提案したのであ
る。

　第7次補正予算の歳出規模は14億8,136万ユーロだった。ただし、通常
は国営カジノなどのギャンブルサービスから得られるはずの収入がコロナ禍
で減少し、ギャンブル収入の損失分が歳出でマイナスとして計上されたため、
実質的な歳出額は14億8,136万ユーロよりも大きくなった。

　第7次補正予算で大きな割合を占めたのは財務省関係予算であり、自治体
と2次医療圏域への財政支援であった。具体的には、自治体が行っている基
礎的な公共サービスの重要性や、自治体が新型コロナウイルス感染症関連の
費用を多額に担っている現状を踏まえて、7億ユーロが国から自治体に支出
されたのである。また、フィンランドにおいては、2次医療の中核病院を中
心にして2次医療圏ごとに自治体連合が組まれている。そこで、2次医療圏
域（自治体連合）に対して、新型コロナウイルス感染症関連の費用を国が支
援する目的で、2億ユーロが支援金として支出されたのである。

　経済雇用省関係予算では、新型コロナウイルス感染症の広がりの影響を受
けた企業や事業者、個人への支援に4億1,000万ユーロが計上された。こ
れまでの補正予算で計上されながら申請数の不足のために使われなかった

1億4,000万ユーロを加えれば、この目的で利用可能な金額は5億5,000万ユーロになった。

　さらに、新型コロナウイルス感染症の広がりで乗客の利用が減ったため、公共交通機関の収入が減少した。そこで、公共交通機関のサービス水準の維持と確保をめざして、運輸通信省関係予算において1億1,000万ユーロが計上された。また、金額は微小だったが、先に述べた輸送プロジェクトの中の道路事業について、2020年度第7次補正予算分の金額が計上された。道路の設計と改善等に充当されたのである。

　教育文化省関係予算の歳出は実質で1億7,500万ユーロだった。このうち、劇場、オーケストラ、美術館等の運営費への国の補助が5,766万ユーロ計上された。これは、新型コロナウイルス感染症の拡大によって芸術活動や文化活動にかかわる会社や、個人、労働者の収入が減少したため、教育文化省関係予算において収入の損失に対する支援と活動の継続を目的として支出されたものである。さらに、スポーツ活動とスポーツ活動団体に4,800万ユーロ、青少年活動や青少年団体に1,757万ユーロが支出された。さらに、初等教育、高等教育などの教育分野に予算が計上されたが、注目されるのは学生への支援金が2,780万ユーロ計上されたことである。学生ローンの保証、学生の住宅手当等に充当されたのである。

　内務省関係予算では、警察、国境警備隊、税関などへの支出が行われた。フィンランドはコロナ禍で最も厳格な国境管理を行っている国として有名である。そこで、国境警備隊については運営費とは別に、海上巡視船の購入予算として1億2,000万ユーロが計上された。

　社会保健省関係予算は実質で1億4,200万ユーロだった。ワクチンの購入など新型コロナウイルス感染症対策や、新型コロナウイルスとの戦いに重要な役割を果たしている国立保健医療福祉研究所（THL）への支援金が中心であった。

　外務省関係予算は1億229万ユーロだった。このうち、新型コロナウイルス感染症に苦しむ発展途上国への支援（2,450万ユーロ）や、発展途上国

への融資を行うフィンランド産業協力基金（Finnfund）の資本金増加（5,000万ユーロ）などを目的として約 1 億ユーロが予算計上されたのである[32]。

むすびにかえて

　フィンランド政府は、第 1 波の時には、学校や公共施設、イベント、飲食店などへの全国一律の規制や、感染が進んだ特定地域への移動制限など、さまざまに規制の網をかけた。そして、それが第 1 波を早く収束させることに役立った。ただし、学校の休校が必要だったのか、全国一律に網をかけて国民の行動を制限する方法が良かったのかなど、課題も残った。そこで、第 2 波の時には、飲食店に絞った規制を行った。その際に、感染が進んでいる地域については、閉店時間、アルコール提供時間、客数の制限について規制が行われたが、感染があまり進んでいない地域の飲食業の規制は緩やかなものにした。さらに、飲食業を一括りにするのではなく、アルコールを主に提供するところ（レストラン、バー、ナイトクラブ）と、提供しないところ（レストラン、カフェ、ピザ屋など）に分け、閉店時間や客数制限などで差異を設けた。第 1 波とは明らかに異なった方法がとられたことが注目されるのである。

　しかし、11 月下旬には、フィンランドの感染状況が厳しくなってきたことを踏まえ、ウーシマ地域の 4 自治体において、博物館、図書館、文化センター、屋内スポーツ施設などの公共施設の閉鎖が実施されるとともに、10人を超える人の集まりが禁止された。20 歳以上の者の屋外スポーツ施設でのスポーツ活動も禁止された。さらに、感染がフィンランド全域に広がってきたことを受け、12 月 5 日からはキメンラークソ、サタクンタ、北東部の過疎地域であるカイヌーなどの各地域でも、飲食店の規制（営業時間の規制、客数制限など）が強化された。12 月 12 日からはラッピ地域でも同様な措

置がとられた⁽³³⁾。ラッピ地域の感染者数はそれほど多くはなかったけれども、冬の観光シーズンに、ラッピ地域を訪れる観光客が増えることを見こした措置であった。また、人の集まりを 10 人以下に制限することは、ピルカンマー地域などでも行われるようになったが、12 月 22 日からは、ヴァーサ 2 次医療圏域（Vaasan shp）や中部ポーヤンマー 2 次医療圏域（Keski-Pohjanmaan shp）、南部ポーヤンマー 2 次医療圏域（Etelä-Pohjanmaan shp）、中央フィンランド 2 次医療圏域（Keski-Suomien shp）など、より広範囲な地域で行われることになった⁽³⁴⁾。

　フィンランドの新型コロナウイルス感染症に関する政策から学ぶ点は、とても多いと思われる。政策がほぼ一貫していること、対策が後手になることがないように対策を早めに打ち出していること、補正予算を 7 回つくることによって個人、企業、自治体などの多様なニーズにこたえようとしていること、7 回の補正予算を通じて財政民主主義がしっかりと根づいていることがしめされていること、政策の内容については原則を踏まえつつも状況に応じて柔軟に考えていること、必要な場合は躊躇なく国民の行動を制限する国家規制を行っていること、国家規制については民主主義的な手続きを踏んで国民の理解のもとで行われていること、国民の政府への信頼が高いこと等である。

　さらに、フィンランドにおいて、国債収入に依存しながら多岐にわたる補正予算が打ち出された背景には、1990 年代半ばから今日まで、フィンランドが緊縮基調の財政をほぼ維持してきたために、国財政が比較的良好であったことがあげられるだろう。また、2020 年度の国当初予算（約 575 億ユーロ）に占める補正予算の規模はそれほど大きなものではなかったということができた。ただし、そうはいっても、時期が来たならば、アフターコロナには増税が避けられないということが、フィンランド政府から国民へのメッセージとして投げかけられることになるだろう。

注
(1)　本章は 2020 年 3 月中旬から 2020 年 12 月 20 日までのフィンランドの新型コ
　　ロナウィルス感染拡大を防ぐための国家規制と国の補正予算の状況をまとめたもの
　　である。
(2)　Finnish Institute for Health and Welfare "Confirmed Coronavirus Cases
　　(COVID-19) in Finland",2020.
(3)　Valtioneuvosto "Tilannekatsaus Koronavirus Tilanteesta",1.10.2020.
(4)　Valtioneuvosto "Tilannekatsaus Koronavirus Tilanteesta",8.10.2020.
(5)　World Health Organization（WHO）"Coronavirus Data". 数値は 2021 年 9 月 11
　　日閲覧時の数値である。
(6)　 Johns Hopkins Coronavirus Research Center"COVID19MAP".
(7)「朝日新聞」2020 年 11 月 8 日朝刊。なお、11 月末には感染がやや落ち着いて
　　きたため、各国は規制緩和に動いた。しかし、規制緩和を急ぎすぎたようで、12
　　月に入ってから、またしても感染が拡大している。そこで、イギリスやフランス、
　　イタリア、ドイツでは、12 月中旬から、あらためて規制が強化されているのであ
　　る。以上については「北海道新聞」2020 年 12 月 16 日朝刊。「北海道新聞」2020
　　年 12 月 18 日朝刊を参照。
(8)　フィンランドには 19 の地域（Maakunta）と 20 の 2 次医療圏域（Sairaan-
　　hoitopiiri）がある。Maakunta と 2 次医療圏域がまったく同一のケースがほとん
　　だが、そうではないケースもわずかながら存在する。Maakunta と 2 次医療圏域、
　　ならびにその地理的位置については、第 1 章の図表 1-1、図表 1-2 を参照。
(9)　規制の内容については、Finnish Government "Situation regarding the lifting of
　　Restrictions 1 June 2020", 2020.
(10)　補正予算については 4 で詳しく述べる。
(11)　規制の解除については、Finnish Government "Situation regarding the lifting of
　　Restrictions 1 June 2020", 2020.
(12)　Valtioneuvosto "Current Restrictions", 15.10.2020. なお、飲食店への規制にお
　　いては、20 ある 2 次医療圏域を、新型コロナウイルス感染状況の悪化度合に応じて、
　　下記の 3 つに区分し、区分された 2 次医療圏域ごとに対策が講ぜられている。つ
　　まり、増殖急増段階（Leriamisvaihe）、加速段階（Kiihtymisvaihe）、安定段階（Pe-
　　rustasto）に 2 次医療圏域が区分されたのである。先に述べたように、Maakunta と
　　2 次医療圏域は一部をのぞいて同一地域となっている。このため、以下、特別な事
　　情がないかぎり、飲食店規制の地域の叙述にあたっては、Maakunta（地域）の名称
　　で述べることにする。
(13)　Valtioneuvosto "Tilannekatsaus Koronavirus Tilanteesta" 29.10.2020.
(14)　Yleisradio OY 27.11.2020.
(15)　Yleisradio OY 3.12.2020.
(16)　Yleisradio OY 10.12.2020.

（17）フィンランドの 2020 年度国当初予算については、Valtiovarainministeriö, "Valtion Talousarvioesitykset", 2020 を参照。

（18）第 1 次から第 7 次までの補正予算の内容については Valtiovarainministeriö, "Valtion Talousarvioesitykset", 2020 を参照。なお、本章で取り上げる補正予算は、いずれも政府が議会に提出した政府案である。

（19）第 1 次補正予算については Government Communications Department, Ministry of Finance"Government submits supplementary budget proposal to Parliament due to the Coronavirus",20.3.2020 を参照。

（20）Yleisradio OY 21.3.2020.

（21）第 2 次補正予算については Government Communications Department, "Government reaches agreement on second supplementary budget proposal for 2020 and the General Government Fiscal Plan for 2021-2024" 8.4.2020, Ministry of Education and Culture "Government proposed additional funding address impact of Coronavirus on Culture and Sports in its second supplementary budget proposal" 8.4.2020.

（22）会社の内容については Suomen Teollisuusijoitus OY のホームページ（www.tesi.fi）を参照。

（23）第 3 次補正予算については Government Communications Department, Ministry of Finance"Government decided on third supplementary budget proposal for 2020", 8.5.2020 を参照。

（24）第 4 次補正予算については Government Communications Department, "Government's fourth supplementary budget proposal, Support for public transport services, walking and cycling, infrastructure projects across the country", 5.6.2020 を参照。

（25）フィンランドの医療圏には、1 次医療圏、2 次医療圏、3 次医療圏がある。また、2 次医療圏ごとに自治体連合が形成されている。詳しくは、横山純一『転機にたつフィンランド福祉国家— 高齢者福祉の変化と地方財政調整制度の改革』、第 3 章、同文舘出版、2019 年 1 月を参照。

（26）注 22 を参照。

（27）会社の内容については、Suomen Malmijalostus OY のホームページ（www.minaralsgroup.fi）を参照。

（28）Helsinki Times 3.6.2020. なお、第 7 章で述べたように、首相は社会民主党出身である。保守系の有力 2 政党（国民連合党、フィンランド人党）は野党である。

（29）Metsa グループは、フィンランドの森林関連産業のリーデイングカンパニーである。パルプ、木材木製品、テイシュペーパーなどを生産、販売している。Metsa グループのホームページ（www.metsagroup.com）を参照。

（30）第 5 次補正予算については、Government Communications Department, Ministry of Finance"Government reaches agreement on fifth supplementary budget proposal for 2020", 3.9.2020 を参照。

（31）第 7 次補正予算については Government Communications Department, Ministry of Finance,"Gevernment reaches agreement on seventh supplementary budget proposal for 2020", 23.10.2020 を参照。

（32）Finnfund については、Finnfund のホームページ（www.finnfund.fi）を参照。

（33）Yleisradio OY 3.12.2020.

（34）Yleisradio OY 17.12.2020.

［著者紹介］

横山　純一（よこやま・じゅんいち）

東北大学経済学部卒業。東北大学大学院経済学研究科博士課程修了。
尚絅女学院短期大学講師などを経て、1986年4月札幌学院大学商学部経済学科助教授、1995年4月北星学園大学文学部社会福祉学科教授、2000年4月北海学園大学法学部政治学科教授、2021年4月北海学園大学名誉教授。
　経済学博士（1988年2月、東北大学）、専攻は財政学、地方財政論。
　単著書に『ドイツ地方財政調整制度の歴史と特質－第2帝政期、ワイマール期、ナチス期の邦国（州）—市町村間における展開—』（2020年、同文舘出版）、『転機にたつフィンランド福祉国家－高齢者福祉の変化と地方財政調整制度の改革—』（2019年、同文舘出版）、『介護・医療の施策と財源—自治体からの再構築—』（2015年、同文舘出版）、『地方自治体と高齢者福祉・教育福祉の政策課題—日本とフィンランド—』（2012年、同文舘出版）など。
　共著書に『福祉政府への提言』（神野直彦・金子勝編、岩波書店、1999年）などがある。
　1985年に論文「プロイセン地方財政調整の展開（1893－1913）—地方税負担の地域的不均衡とその解決策—」にて第11回東京市政調査会藤田賞を受賞。

北欧福祉国家と国庫補助金

国庫補助金改革とフィンランド福祉国家の変容

2023 年 1 月 25 日　第 1 版第 1 刷発行

著　者	横山　純一
発行人	武内　英晴
発行所	公人の友社
	〒 112-0002　東京都文京区小石川 5-26-8
	TEL 03-3811-5701　FAX 03-3811-5795
	e-mail: info@koujinnotomo.com
	http://koujinnotomo.com/
印刷所	倉敷印刷株式会社

ISBN978-4-87555-891-0　C3030